孤獨，是一種能力

SOLITUDE

A Return to the Self

面對真實自我，探索孤獨心理的當代經典

Anthony Storr
安東尼·史脫爾 著　張嚶嚶 譯

推薦導讀一

享受孤獨——網路時代的核心生存能力

本文作者為精神科醫師、作家／吳佳璇

在智慧型手機人手一機的年代，社群軟體朋友數目一不小心就超過上限，還有數不清的群組、活動或加友邀請等待回覆，加上電信公司狂推費率吃到飽，好讓用戶隨時上網……這樣的環境，似乎意味著「與人連結」不再困難，何孤獨之有？

然而，環伺周遭，情侶約會不再含情脈脈四眼相望，而是各玩各的手機；出遊的一家人，只見猛回簡訊電郵的爸媽，還有忙著打怪追劇的子女；人際花園的冷酷荒蕪，莫勝於此。

研究數位科技與社會行為的知名學者雪莉．特克（Sherry Turkle）曾寫過《在一起孤獨》（*Alone Together*）一書，描述虛擬生活如何影響真實的世界，精準地捕捉到一個個失去獨處能力的男男女女孤單的生命側影。

人們試圖用「癮」的概念面對網路世界衍生的新問題，世界衛生組織更在二〇一八年正式提出「遊戲成癮」的精神科診斷。但特克似乎不以為然，因為當今治療「癮」的核心精神就是「戒」，預防之道則是遠離毒品，不，是網路。這樣的解方令人絕望——難道不能與科技共處？連身為數位移民的我，都為斷網、戒手機感到不安。

在這令人徬徨的時刻，讀安東尼·史脫爾（Anthony Storr，1920-2001）的《孤獨，是一種能力》，卻產生了一種救贖感。究竟這部寫於網路史前時代（一九八八年）的作品有何魔力？

史脫爾是受過嚴謹精神分析訓練的英國精神科醫師，卻主張好的人際關係不是健康與幸福的唯一來源。他認為「愛」被理想化，被視為得救的唯一途徑很危險。他提醒大家，不要忘記佛洛依德曾說過，精神健康的要素，是愛與工作的能力，而許多精神分析療法都太專注於人際關係，而忽略了自我獨處的能力。

雖然「自我」的概念要到工業革命後才逐漸形成，西方社會的個人主義思想更在現代才受到重視，但史脫爾從人類思想史上發現，許多偉大心靈都需要孤獨。例如釋迦牟尼在菩提樹下大徹大悟，又如耶穌在曠野度過四十天，才回來宣示懺悔與救世的信息。

史脫爾進一步指出，孤獨能培養想像力，有助於大腦的整合與潛能的發揮。英國童話作家，彼得兔創造者碧翠絲·波特（Beatrix Poter），就受益於孤獨的童年激發了她旺盛的想像力。甚至連與親人死別，孤獨也能使喪親者得以適度地表露哀傷，得到宣洩，進而讓生命意義發生轉化。

卡夫卡是另一個偉大的孤獨心靈。極度內向的他無法與人建立長久穩定的關係，甚至被精神科醫師認為是分裂型人格障礙，但他沉浸於創作，更因他的天賦與興趣獲得世人的尊崇。史脫爾以為，就算沒有好的人際關係，興趣也可以取代親密關係，達成一種完滿的狀態。

作者進一步舉出康德、維根斯坦等哲學家，還有科學家牛頓的例子，指出他們的自尊都源自於工作，不是愛；而高度抽象概念的形成需要長期的孤獨與極度的專心，一個人若有了配偶子女的羈絆，就很難孤獨或專心。

最後，史脫爾說，親近大自然、藝術、宗教、性愛或創作，都會產生忘形的感覺，為人嚮往與追求。人雖是社會動物，需要與人互動，卻可能因為童年經驗、遺傳等種種因素，使人在追尋人生意義時，或傾向與他人建立關係，或轉向孤獨。孤獨不見得就是不幸福，透過創作，同樣能將人帶往忘形的世界，體會天人合一的幸福。

對於習於在網路河道曬美食、貼美圖的平凡男女，我們雖不是天才，但若成天流連虛擬世界，八成缺乏獨處的能力。這其實是一種逃避，面對真實自我的能力不足。為了治療這種空虛，別急著衝向精神科，不妨打開《孤獨，是一種能力》這本書，靜心讀完它，將由內心生出一股安穩的力量。

推薦導讀二

愛、孤獨、個體化

本文作者為「愛智者書寫」版主、諮商心理師／鐘穎

現代社會中，關於愛的觀念已然瓦解，這是佛洛姆在其經典《愛的藝術》中的感嘆。但是，讀者可能不知道，在當代的心理治療領域中，人際關係的良窳（某種程度上可被視為愛的能力）卻取得了無比的重要性，而諸般諮商與治療理論就環繞著此點而發。因此，與當事人建立關係，被視為心理諮商的第一步；而歸屬感的缺乏，則被視為應當留意的危險因子。

易言之，缺乏友伴的人，常常被不假思索地視為某種能力或人格的缺損。《精神疾病診斷準則手冊》（*DSM-5*）中甚至特別列出了「孤僻型人格障礙症」，當中有不少描述，都將患者對孤獨的喜好視為一種疾病。

當代心理治療的建立者，以及精神分析創始人佛洛伊德曾說過，人生唯工作與愛而已。但我們日漸看重後者，對前者的有益性卻不自覺地疏忽了。事實上，工作與興趣能

激發我們的熱忱，因為它們往往需要、也引發了我們高度的專注與孤獨。此外，我們內在追求自我實現的動力，跟愛的動力同等強烈，這對許多為了養兒育女而放棄事業及夢想的爸媽來說，想必心有戚戚焉。

愛讓我們連結，但在孤獨中，我們才得以超越。人永恆地在這兩個端點中移動，而後漸漸成為一個獨立且完整的人。我們成為自己，但依舊與他人連結，這樣的過程，不正是瑞士心理學家榮格所稱的「個體化」嗎？

事實上，本書已經透過完整的例子來說明，對許多特異的天才來說，不論音樂、藝術、宗教、科學，還是文史哲學領域，他們都對完成自身的天命及潛力有著極高的需求，不論從哪個角度來說，似乎都很難判定這樣的人全部具有不健康的人格。

舉例來說，那位說出「唯有頭上的燦爛星空與內心的道德法則值得我們深深景仰」的哲學家康德，以及強烈主張「法律之前，人人平等」的法國哲學家盧梭，縱然他們遠離人群，有著不善交際的毛病，但誰能說他們的思想與人格沒有價值呢？更遑論那些孤身獨處的宗教人士，他們往往因為如此而發展出深沈且堅定的眾生愛。

因此，走向個體化（亦即成為一個完整且獨特的人）不僅需要我們有能力去愛、去建立和珍視關係，同時也需要我們有能力自處、孤獨，以便與自身的人格面具或社會期待保持一定的距離，進而聆聽內心的聲音，成為自己應當成為的樣子。我相信對喜好自我知識的讀者而言，對這點必不陌生。

創造力的高度表現，往往是在孤獨狀態中成就的。愛與關係鼓勵了我們，但孤獨才真正激發了我們。愛、孤獨、與個體化，因此可被我們理解成同一件事情的不同歷程或不同面向。

發源於英國的「客體關係理論」是高度重視人際關係的派別，在它開始發展的年代，大西洋彼端的美國也興起了以卡爾．羅傑斯（Carl Ransom Rogers）為首的人本心理學，後者對諮商關係的研究與看重，更是改變了整個心理治療的走向。而身處在客體關係發源地的本書作者史脫爾，竟能保持獨立的心靈反思自身，不被這樣的心理學浪潮所淹沒，甚且層層援引，向世人提出孤獨的重要性。這樣的智者之聲，或許正是始終能對孤獨經驗抱有深沉敬意的人才能發出的。

相信不論是心理相關從業者，博雅教育的愛好者，甚至是關心教育與自身人格完整的民眾，一定都會從這本書裡發現它的價值，並得到啟發。關於愛，我們確實還談得不夠。但關於孤獨，我們理解得更少；是時候還給後者應有的地位了。

目錄

作者序

交談能增進瞭解，但是孤獨培養了天才。一件作品能表達出均一性，正是孤身藝術家手筆的表現。*

——愛德華．吉朋（Edward Gibbon），英國史學家

吉朋所言甚是。許多詩人、小說家或作曲家多半跟吉朋一樣，在一生中有很多時間注定要獨處，許多畫家與雕塑家也往往如此。

從當代盛行的各派精神分析理論流傳下來的看法，我們普遍相信，人類是社會性動物，從生到死，都需要他人的陪伴和喜愛；而且**親密的人際關係，即使不是唯一，也是主要的幸福來源**。但是，創作者的人生似乎常與這種說法背道而馳，包括笛卡爾、牛頓、洛克、帕斯卡（Blaise Pascal）、斯賓諾沙、康德、萊布尼茲（Gottfried Wilhelm Leibniz）、叔本華、尼采、齊克果及維根斯坦等許多思想家，都不曾建立家庭或親密的

私人關係。這些天才之中，有的跟男人或女人有過短暫的關係，有的則像牛頓那樣獨身以終，但他們多半沒結婚，獨自一人過上大半輩子。

偉大的天才並不常見，他們因本身的天賦而受人敬畏、遭人妒羨，他們也常被視為異數，彷彿不需要承擔一般人的歡樂與痛苦。以精神病理學的觀點，這種異於常人之處是否意味著不正常？確切來說，創作家對孤獨的偏好，是否代表了他在建立親密關係上的無能？

在看到許多人際關係一波三折的天才們，往往因為精神疾病、酗酒或藥物濫用而失常的例子之後，我們很容易認定：創作天賦、精神不穩，以及關係建立的低能，三者有著緊密的關聯。因此，擁有創作天賦是否為一種福分，就變得很難判斷了，因為這種一體兩面的資質雖然可能為天才帶來名利，卻也不見容於凡人的幸福之路。

世人往往認定，只要是天才，精神狀況一定不太穩定，尤其自佛洛伊德以降，這種看法更加普遍。不過這並非定論，不是所有藝術創作者的心理都不正常，也不是所有孤獨的人都不幸福。吉朋在初戀失敗後，過著一種人人稱羨的恬靜生活，他自言：

> 當我靜思人類終有一死的共同命運，我必須承認自己抽中了人生大獎……我有愉悅的性情、溫和的感性，而且天生喜靜獨處，不好活動，某些不良嗜好和習慣可能也被價

值觀和時間給糾正了。好學是一種可以化享樂為活力的熱情，讓我每天每個時刻隨時都有獨立且理性的樂趣，我不覺得我的心智有任何衰退。

依據瑞士的標準，我是個富有的人，我的確富有，因為我的收入高於花費，而我的花費又都恰能如我所願。吾友謝菲德爵士一直熱心相助，使我能卸除最違反我的志趣和脾性的牽累。我還要接著說嗎？自從我的初願未償，我就不曾認真考慮過婚姻關係。[1]

英國評論家利頓・史垂奇（Lytton Strachey）在一篇短文中這樣描述吉朋：「一想到吉朋，心裡馬上湧現幸福這個詞，而且是最廣義的幸福——既有好運道，又能夠享樂。」[2]

有人或許會說，吉朋遵從父命放棄對柯寇德（Suzanne Curchod）的情愛之後，就已經斷絕了幸福之源，甚至變得心理失常。然而，吉朋一生或許少有性愛，但其他的關係卻相當可觀。卷帙浩繁的《羅馬帝國衰亡史》需要他長時間孤獨地研究和寫作，但在與人為伍時，他也同樣快樂。他在倫敦參與活躍的社交生活，他曾是「文學會」的一員，也曾加入「同僚會」、「白人會」及「布魯克斯會」，而且所到之處，言談舉止充滿了魅力。此外，吉朋對撫育他長大的姨媽波頓夫人也有著深刻的感情，對終生摯友謝菲德也有真誠的友誼。

他偶爾會在信中悲嘆自己的孤獨，還戲言要收養一位表妹，不過他對婚姻的期待只是稍縱即逝的念頭：「當我想到這種結合可能帶來的後果，我就從夢中驚醒了！我很高興自己得以苟免，還大呼謝天謝地，讓我保有原來的自由。」[3]身在現代的我們，常常如此斷言：要先有親密的感情，特別是性的滿足，才能擁有真正的幸福。這種說法沒有為吉朋這樣的人留一點餘地。很明顯，吉朋雖擁有許多友情，但他的自尊與樂趣卻主要來自於他的工作，這點在他自傳的結尾說得很明白：

> 人到老年會以希望作為慰藉，父母對延續他們生命的孩子表達慈愛，高唱天國頌歌的人熱衷宗教信仰，而作家也有一份虛榮心，希望自己的名字和著作永垂不朽。[4]

吉朋是古典派藝術家，他用諷刺且客觀的筆鋒表現了人類的愚蠢和虛榮。他在著作中表露的同情心確實很有限，性通常是作為消遣的主題，而他對宗教也斥為迷信。不過，致力於繁雜的歷史整理工作，他必須採取這種姿態。要在紊亂紛雜、有如長河的人類歷史中尋找出秩序，他得建立超然的觀點。吉朋沒有、也不能把他的個人情感表現在他的歷史觀中，但是，他對待朋友的溫情及朋友對他的喜愛，在在顯示了這個人本身有一顆多情的心。

以過去的標準而言，吉朋可說格外地正常。然而，依照佛洛伊德的看法，異性之間的性滿足，才是精神健康的必要條件。於是，自從佛氏提出這個觀念以來，大家開始懷疑吉朋並非一般認定的幸福或成功者。

我認為，並非只有天才能在不涉及人際關係的領域裡找到自我的價值。只要是興趣，無論是記錄歷史、養信鴿、從事證券或股票買賣、設計工具、彈奏鋼琴或從事園藝，都可以使人幸福快樂，而且，興趣的重要性遠大於精神分析師的想像。

偉大的創作家最能支持上述論點，他們有作品為證。至於那些沒沒無聞的平凡人或許無法留下對興趣著墨的痕跡，但這些興趣，很可能是他們窮其一生投注熱情之所在。例如，有錢人也許會擁有大量的收藏品，熱衷園藝者可能也能留下創意的證據，這類證據就算無法像一本書或一幅畫作有那麼持久的價值，但好歹能維持數年之久。當然，如果是對風車或板球運動有狂熱，可能就無法留下任何東西了。

不過，在我們認識的人當中，一定有些人因為投入於興趣，無論他們的人際關係是否圓滿，同樣擁有意義非凡的人生。我們過於高估人際關係的重要性，總以為圓滿的親密關係理應使人幸福，否則一定是關係出了差錯。事實上，這種想法太偏頗了，人際關係實在禁不起我們這般倚重。

人生要產生價值，愛情和友誼固然是重要來源，但絕非唯一的來源。而且，人會隨著歲月改變和成長，到了老年，人跟人的關係會變得不那麼重要。這或許是大自然善意的安排，使人在不得不跟至親告別時，不致那麼痛苦。無論如何，**人際關係總有「不確定」的因素存在，它不該被理想化，也不能被視為達到個人滿足的唯一途徑**。

婚姻大概是人際之間最親密的一種結合，但在西方世界，導致婚姻破裂的原因，也許就是人際關係被過於理想化了。如果我們不把婚姻視為幸福的主要來源，以淚水收場的婚姻就會比較少。

我認為人類在大自然的造化下，既能與人產生關係，也能**觸及與人無涉的領域**。這項特點對於人類的適應性來說不但寶貴，也很重要。人類跟其他動物一樣都有繁殖的生理需求，都希望基因延續不絕，但在主要繁殖期過後，剩下的大段人生，還是有它的意義存在。對一般人而言，就是在這種個時期，與人無涉的領域才顯得更為重要，雖然這些領域的興趣很可能早就萌芽了。

在後續的章節中，我們會看到偉大的創作家由於環境乖違，很難跟人產生親密感，他們遠離人群，致力於發展才華。不過這是為了突顯重點，並非非此即彼的二分法。也就是說，這些人並非像某些精神分析師所以為的，是因為缺乏人際關係，所以只好努力創作。

此外，我也會說明，除了配偶和家庭，沒有建立長期興趣的人會顯得知性有限，相對地，既無配偶又沒有孩子的人，就可能感性有限。

許多涉及興趣及真正有創意的工作，都可以在不牽涉到「關係」的情況下進行。我認為，一個人獨自進行的工作，以及與他人的互動，兩者同樣重要。

在人的一生中，始終受到兩種對立的力量所驅策：一種力量使你傾慕友誼、愛情及親密的關係，另一種力量則驅使你獨立、遠離人群，變得自主。如果只從精神分析的「客體關係理論」出發，那麼孤立的人都不健全。因為這個理論告訴我們，人必須與他人建立關係，人是靠連結的功能，才能體現價值。換句話說，每個人都是因為他人而存在。

然而，在那些為人類經驗做出豐富貢獻的人之中，有些人所貢獻的經驗，跟人類的福祉可說一點關係也沒有。例如，前述思想家都活得很自我，或者遺世而獨立，甚至「自戀」，他們專注於內心的活動，很少關心別人的幸福。因為一個創作者會不斷透過創作發現自我，重塑自我，找尋宇宙的意義。這是一個重要的整合過程，就算如冥想或禱告等活動幾乎跟他人扯不上關係，但也絕對具備獨特的價值。對這些人而言，獲得某種新的領悟或發現，才是最有意義的時刻。而當這種時刻出現時，他們多半是獨自一個人。

天才畢竟非常稀有，不過只要身為一名創作者，就具備了跟你我平凡人相同的需求和願望。他們在作品裡留下了思想和情感的記錄，所以是以醒目的方式成為人類奮鬥的榜樣。至於我們普通人，雖然歷經了同樣的奮鬥，卻不見得受到注意。因此，創作家對孤獨的需求，以及對內在整合過程的專注，或許可以透露出那些缺乏天賦的平凡人需要些什麼。只可惜，到目前為止，這方面的研究多半都被忽略了。

第一章

人類關係的意義

孤獨時，有什麼快樂可言？
誰能夠獨樂樂？那些享受獨樂樂的人，到底能獲得什麼滿足感？*

——約翰．米爾頓（John Milton），英國詩人

在今日社會，每個人都強調親密的人際關係是健康與幸福的試金石，不過，這可是近代才出現的概念。從前的人不重視「關係」，日常生活與工作才是被關注的主題，這也許是他們一心一意謀求溫飽，所以沒有太多時間來關注人際關係所帶來的影響。

捷克社會學家厄內斯特・蓋爾納（Ernest Gellner）認為，古代人擔心的是自然界的無常與危險，而在現代的富裕社會，多數人已經不受疾病、貧窮、飢餓及自然災變所威脅，所以讓現代人耿耿於懷的，是我們建立的各種關係。

現今的工業社會結構不穩定，與日俱增的流動性逐漸破壞了社會的支柱，我們因此擁有更多選擇，可以決定住哪裡、加入哪個團體、過著什麼樣的生活。這導致我們與周遭的關係再也無法用古老標準來規範，也因此，我們越來越關心這些關係。所以蓋爾納說：「現今這個環境，是由各種人我關係所建構而成的。」[1]

蓋爾納進一步聲稱，人際關係已成為當今最急需關切的領域。此外，宗教信仰的式微，也加深了我們對這個領域的擔憂。為什麼呢？因為宗教不僅確立了人際關係的行為準則，還提供了一種可預測也較穩定的抉擇。我們與配偶、孩子或鄰居的關係或許不夠圓滿，但跟神的關係就不同了，只要你信仰祂，你與神的關係就不會有障礙。

我不完全同意蓋爾納在精神分析方面的論點，但他說精神分析可望成為一種救贖方式，這點我是同意的。也就是說，藉由精神分析來滌除一個人在感情上的障礙或盲點，使他擁有圓滿的人際關係。此外，蓋爾納的另一說法我也同意，他說，精神分析已經產生了深遠的影響，因此即使是不認同的人，在講到人的個性和人際關係時，也普遍會運用到精神分析的觀念。

二十世紀以來，精神分析歷經了相當大的變化。最主要的變化就是病人與精神分析師的關係逐漸成為重點。今日的精神分析師堅持精神治療首重「情感轉移」（或譯「移情」）的分析。所謂「移情」，就是病人面對精神分析師時的反應與態度。的確，佛洛伊德與榮格等各派理論雖然南轅北轍，但主要共通點就是承認移情的重要性。近來有人質疑精神分析對精神官能疾病的治療效果，但這些精神分析的觀念已然產生廣泛的影響。比如說，多數社工人員在訪查個案時，最重視的就是訪查個案在處理人際關係上的能力。

精神分析在草創階段，傾向於將重心放在追溯病人性心理的發展過程，當時並未那麼強調移情的分析。首先，你要把病人視為獨立的個體，其次才是他對分析師的感情態度，有時這種態度還會成為精神分析研究的障礙。佛洛伊德在十九世紀最後二十年間開始著眼於精神官能症（俗稱神經衰弱或神經質）的起源時，就發現他的病人在性生活方面普遍有困擾。根據這些研究，他設想出從嬰兒期開始的性發展階段，此後精神分析的架構便以這個理論為基礎。

依照佛氏的看法，各類型的精神官能症都與病人的性現象有關。病人就是一直停留在佛氏所謂「口腔期」、「肛門期」或「性蕾期」等性成熟的早期階段，無法進展到成熟的「生殖器時期」。佛氏認為精神生活的原動力是「享樂原則」，也就是避免痛苦並且獲得快樂的需求。他也相信神經系統掌管精神功能的部門自會尋求某種宣洩的管道，釋放本能衝動，從而降低興奮的程度。因此，一個人的心理是否健康，一個人是否快樂，都與他是否擁有性關係，或者是性關係是否圓滿息息相關。

於是，大家開始認定，如果一個人健康幸福，他一定享有令人滿意的性生活，反之，一個人如果神經質或者不快樂，那麼他尋求性宣洩的能力恐怕有問題。

佛洛伊德一生都關注本能的滿足，也就是說，他總是強調得到性高潮的能力。不言可喻，一對伴侶如果能在這方面彼此滿足，他們在其他方面的關係都可以視為理所當然。性就是評估整個關係的標準。一個病人如果能克服障礙，得以由性現象發展的不成熟期進展到生殖器時期，那麼，他就可以順利與人建立平等互惠的關係。

佛洛伊德認為，精神官能症根源於病人兒時的環境。精神分析師的工作就是幫助病人回憶早期的心靈創傷，這些創傷記憶因為痛苦或令人覺得羞恥而一直被病人壓抑著。根據約瑟夫・布洛依爾（Josef Breuer，精神分析領域的先驅）的詮釋，佛洛伊德發現，如果能設法讓一個患有歇斯底里症的病人回憶起某症狀初發時的確切境況，而且再次感受那些情境下的情感經驗，這個病症就會消失。隨後，當佛氏治療其他類型的病人，他逐漸不像當初那麼強調心靈創傷事件，而是回顧病人成長期間的整個情感環境。但是，他仍認為精神官能的病症源自生命中一至五歲這個階段的境況。

如此說來，精神分析就是一種歷史重建的過程，是挖掘病人兒時事件、情感與幻想的一種技術。這種治療法幾乎不必檢討病人當前的各種關係，更毋須牽涉他的朋友和家人，主要考慮的只是病人生命早期的主觀反應，而病人本身對那個時期也許所知無幾。

當時經常有人批評精神分析師太過主張把病人當成孤立的個體，沒有向他們的家人和朋友做進一步的了解。此外，常令這些親友懊惱的是，他們想參與分析的過程時，通常都會被勸阻，而且精神分析師通常也不接見他們，或是向他們詢問病人的居家行為與各種關係。但是，如果精神分析的原始理論被接受，那麼治療時不直接涉及病人當前親近的人或事，也是合理的。除了病人自身，沒有人可以觸及他早期的幻想和情感。病人的父母即使能夠詳盡描述病人的早年經歷，也無助於精神分析師的需求，因為分析師要知道的是病人對兒時環境的主觀反應，而非事實本身。

佛洛伊德剛開始施行精神分析的治療時，並沒料到他會在病人的情感上變得那麼重要。當時他只希望讓精神分析成為一門以解剖學和生理學為根據、並且同樣客觀的「心靈科學」。他認為自己的角色是個超然的旁觀者，而病人對他的態度也將如他們對待其他醫學專家一樣。當他發現實情並非如此，當病人開始向他表達愛恨之情，並在他身上體驗愛恨之情時，他並不認為這些感情純粹是當時的情感發洩，而把它解釋為過去情感的翻版，只不過是「轉移」到分析師身上罷了。

佛洛伊德原本是對移情反感的，直到一九一〇年，也就是在他承認移情的重要性之後的許多年，他還給普菲斯特（Oskar Pfister）寫了這樣的信：

> 說到移情，根本就是個禍種，是一種難以控制且來勢洶洶的病態衝動——這種症狀使我放棄間接且具催眠作用的暗示療法——即使透過精神分析也無法完全消除。這些衝動只能加以抑制，抑制不住的就在移情時發洩出來，而且發洩的部分經常相當多量。[2]

在《精神分析引論》第二十七講中，佛洛伊德重申信念，也就是，處理移情，必須視之為不真實的現象。

> 我們克服移情的方法，是向病人指出他的情感並非因為此刻的情況而發，也不是針對醫師這個人，他只是在重複曾經發生在他身上的事。我們就用這種方式，迫使病人把這種重複的衝動轉化為一種記憶。[3]

自佛洛伊德以降，或者更確切的說，自從精神分析的「客體關係」學派出現以來，人們在理解或詮釋移情時已經改變重點。多數精神分析師、社工人員及其他所謂「助人行業者」都認為，親密的人際關係是人類幸福的主要來源。反過來說，大家普遍認為，那些無法從這些關係得到滿足的人，都患有精神官能症、不夠成熟，或者多少有點變態。時至今日，無論個人治療或團體治療，大多數心理治療法的目標是在了解病人與過去重要人物之間曾經出過什麼差錯，藉此幫助病人，使他在將來能夠建立豐碩且完滿的人際關係。

由於過去的關係支配了一個人對新關係的預期，因此病人對新的重要人物（也就是分析師）的態度，就成為了解他過去困擾的重要來源，還提供了一個解決困擾的良機。舉個簡單的例子，過去曾被拒絕或被虐待的人在接觸分析師時，很可能以為又將遭受拒絕或惡意對待，雖然他也許完全沒有察覺這種預期心理正在影響他的態度。等到他知道他的假設錯誤，加上分析師又待之以意料之外的善意與體諒，他的預期心理可能就此改觀，或許因此開始願意與人建立比以往更好的關係。

我們知道，佛洛伊德把受分析者向分析師表達的任何情感都貶為不真實，並解釋成是過去的事。今天，許多分析師都承認這種情感並不只是複製兒時的本能衝動與幻想。在某些個案裡，這些情感表示受分析者企圖補償兒時欠缺的物事。受分析者可能暫時把分析師當成他從未有過的理想父親或母親，而這種體驗可能就產生了治療的效果。因此，用不周密的詮釋或以幻覺為由來驅散這個形象，都是不對的。

前文說過，佛洛伊德認為，精神分析師的工作就是除去病人的心理障礙，使他可以用成人的方式發洩本能衝動。只要完成這項工作，病人的各種關係自會有所改善。現代分析師則是顛倒了前後次序，他們首重關係，其次才考慮本能的滿足。如果受分析者能與他人建立平等的關係，又能消除無謂的焦慮，他要宣洩本能的衝動就不會有障礙，也才會獲得性滿足。

客體關係論者相信，人類從生命之初就一直在尋求各種「關係」，而不只是本能的滿足。他們認為患上精神官能症，表示一個人無法建立完滿的人際關係，而非性衝動被抑制了，或是發洩不足。

移情是病人對分析師完整或一貫的態度，被視為分析治療的重點，它既不是過去的殘留，也不是「禍種」，更非佛洛伊德後來所說的「強大的助力」——他籍由這個「助力」來修正病人的態度。今日的精神分析師通常都會花很多時間細察並討論病人們對他（分析師本身）的反應方式：他們或恐懼、或柔順、或尋釁、或好強、或木然、或焦慮。這些態度都其來有自，也都需要深入研究，只是重點不同於以往。

分析師會研究受分析者對待自己的異常態度，藉此理解受分析者與他人之間的異常關係，而為了使這項工作有成效，分析師就必須認清：分析不只是牽涉到兒時事件，進行分析的此時此地，還有一種真實的關係存在著。

分析治療的會晤是一種獨特的場合。沒有一種社交約會可以讓雙方細察彼此的反應。很多人一輩子也碰不到那樣的場合；在那裡，你有一位熱心聽眾可以依靠，他已經準備為你這個人花很多時間，也隨時能巧妙處理你的問題；而且除了職業收費，他不要求任何回報。病人一生中可能從未遇過這麼關心他或隨時準備聽他傾訴的人，難怪分析師對他來說非常重要。我們固然必須明瞭移情中根源於受分析者兒時經驗的非理性且異常的因素，也必須了解受分析者對分析師的情感真相。

並非各類型的分析療法都著重人際關係與移情，但這個特點卻使得許多精神分析師與心理治療師有了聯繫，他們或許來自不同學派，但都秉持兩個基本信念：第一，精神官能的問題與早年親子關係的不圓滿有關。第二，是否健康與幸福，完全依能否維持親密的人際關係而定。

沒有兩個孩子是完全相同的，遺傳上的差異也可能是造成兒童期發展問題的重大因素。同樣的父母在不同孩子眼中看來可能相當不同。不過，我也相信許多精神官能的困擾，的確與一個人早年的家庭感情經驗有關。

至於，親密的人際關係是健康與幸福的唯一來源？這點我比較無法信服。目前有一個危險現象，就是「愛」被理想化了，被視為得救的唯一途徑。佛洛伊德被問及構成精神健康的要素時，他認為是愛與工作的能力；但是，我們都太過強調前者而忽略了後者。多種分析療法都太過於專注於人際關係，結果不僅沒有考慮到獲取個人成就的其他方式，也不去細究獨立個體精神中所具有的應變動力。

「客體關係論」是與佛洛伊德的「本能論」對立的理論。這個理論的樹立得力於許多精神分析師，包括梅蘭妮·克萊恩（Melanie Klein）、溫尼考特（Donald W. Winnicott）和費爾邦（W. Ronald D. Fairbairn），但最重要的著作出自約翰·鮑比（John Bowlby）的研究。多達三大冊的《依附與失落》（*Attachment and Loss*）既有一定的影響力，又帶動了大量研究，公認是瞭解人性的重要作品。

鮑比認為，人類自嬰兒期開始，最主要的需求就是與他人建立有幫助且有益的關係，而這種對「依附」的需求，遠超過對性滿足的需求。

鮑比所表達的觀念巧妙融合了動物行為學與精神分析學，強調依附與性關係雖然有別，但常令人產生聯想，因此，他擴大了精神分析學對人及人類關係的觀點，使得這種觀點與其他領域的研究結果更趨一致。

鮑比的著作《依附與失落》源自於他在世界衛生組織的工作，當時他正在研究無家可歸兒童的精神健康。這項工作使他著手研究幼兒暫時失去母親所受的影響，也更進一步去解釋那些母親不在的期間（比如幼兒本身或母親必須住在醫院時），幼兒所經歷的苦惱。

在嬰兒差不多六個月大的時候，就會開始對特定的人產生依附。也是在這個時期，把嬰兒交給陌生人，他開始會反抗，而且漸漸喜歡纏著母親或他熟悉的大人。母親通常是嬰兒可以返航的安全基地，而且當她在身邊，嬰兒會比她不在時更大膽地玩耍或摸索。一旦這個依附的對象離開，即使時間短暫，嬰兒也通常會發出抗議。

至於時間較長的分離（比如孩子住在醫院時）則會導致一連串規則的反應，這些依序的反應是鮑比新創的說法：首先是憤怒的抗議，接著是一段絕望期，嬰兒在這段期間安靜得可憐，對任何事物都缺乏興致。再過一段時間，嬰兒變得冷漠孤僻，似乎不再關心依附的對象。總之，幼兒在母親離開後，似乎都會依序出現「抗議」、「絕望」和「冷漠」的標準反應。

鮑比的研究提供了充分的證據，說明了一個成人與其他成人建立良好關係的能力，取決於這個人兒時對依附對象的體驗。一個小孩如果從生命之初就確知在他需要時，他的依附對象都會待在身邊，他就可以培養出一種安全感與內在的信心。及至成年，這種信心讓他得以去信任、去愛其他人。異性之間如果有了愛與信任，性滿足是很自然的結果。

然而，依附也有品質和強度的不同，部分是由母親對嬰兒的反應和態度而定，而部分則無疑是因天生遺傳的差異而定。母親離去時，不同嬰兒也許有相同的外在反應，但母親長期不在所造成的後果，可能每個孩子極不相同。

研究顯示，在孤兒院等福利機構長大的兒童，人格比一般小家庭的兒童不穩定，要求也較多。雖然無法完全證實，但很可能這樣的兒童長大之後，比起其他出身在組織健全且充滿愛的家庭的兒童，比較無法與人建立親密關係。

針對與母猴分離的幼猴所作的實驗顯示，要養成一隻無法有正常社會關係和性關係的成猴並不難。然而，人類有驚人的彈性，即使是長期被孤立而且遭受虐待的兒童，也會在環境好轉時，設法彌補他所喪失的一切。

在《依附與失落》第一卷中，鮑比透過生物學的觀點討論依附的本質與功能。他對人類及他種生物的依附行為有廣博的理解，從中得到的結論是：依附行為的原始功能是防禦掠食動物。他舉出三項事實作為佐證：第一，離群動物比群聚的動物更可能受到掠食動物的攻擊。其次，人類或其他動物的個體在年幼、生病或懷孕時，特別可能引發依附行為，因為在這些狀態下，他們更容易受到攻擊。第三，身處險境時，任何人都會舉目四顧，設法找到別人來分擔危險。對現代人而言，來自掠食動物的危險似乎已經消失，但是碰到其他形式的威脅時，仍然會有相同的反應。

這個生物學上的解釋很有道理。現代人似乎都預先規劃了一套方式，來回應外在的多種刺激，而這些方式實在較適合以獵捕為生的原始部落，不應被二十世紀末的西方都市人採用。很明顯的例子是：當我們覺得受到威嚇時，就會以挑釁的態度回應；而另一個例子是，我們對陌生人抱持著太過懷疑的態度。這兩種反應也許適於我們的部落祖先，但是在這個隨時可能爆發核子災變的時代，實在非常危險。

鮑比指出一個重要論點：依附與依賴不同。人類的確需要花很長的時間才會長大，人類從出生到性成熟的時間比其他哺乳動物都長，幾乎構成四分之一的人生。這種人生早期的無助狀態及持久的兒童期，是我們向長輩學習的機會。一般認為，從生物學的觀點，這就是人類的兒童期持續很久的理由。

人類要適應世界，必須依賴學習及一代代的文化傳遞。出生時，依賴性在最高點，因為嬰兒最是無助。然而，依附在嬰兒六個月大之前並不明顯。依賴性會逐年消失，直到人完全成熟為止。至於依附的行為，卻能夠持續終生。如果我們說一個成人具有依賴性，意味著他不夠成熟，但如果他沒有任何依附之情，我們也會認為他不太對勁。

在西方社會，極度孤立於人群，通常就等於患有精神疾病。慢性精神分裂症的患者有時候過的是一種根本不與人發生關係的生活。一個人能與他人建立依附之情，就證明他在情感上已達到成熟階段，而缺乏這種能力，就表示他不正常。至於情感成熟是否可能有其他的鑑定標準——比如獨處的能力——則很少有人考慮到。

人類學家、社會學家及心理學家一致認為，人是社會性生物，終生都需要他人的支持和友誼。除了學習，社會的協力合作也是人類存活的要素。狒狒和黑猩猩等靈長類，也是因為協力合作才得以存活。就像動物學家羅倫茲（Konrad Lorenz）所言，人類跑得不快，天生又不具備強韌的外皮、尖利的長牙或爪或其他武器。因此，原始人為了防禦更強悍的物種，也為了獵取大型動物，不得不學習協力合作來換得生存。現代人雖然早已脫離獵捕時期的社會環境，但仍然需要社會的互動，也需要與他人建立積極關係。

由此看來，不管用那一種順序來排列人類的諸多需求，依附之情總有許多理由列居前茅。事實上，有些社會學家甚至懷疑，一個人如果脫離家庭及所處的社會，他的存在是否還有意義。在西方社會，多數人都認為親密的家庭關係是生活中的重要部分，此外，他們還擁有其他種類的愛和友誼，而使他們的生命產生意義的，就是這所有的關係。就像英國社會學家彼得．馬利斯（Peter Marris）說的：

> 對我們來說最重要的關係，很典型地，都是針對我們所愛的某些人——丈夫或妻子、父母親、孩子或摯友，有時也針對某些特定的地方——家，或者我們付出同樣關愛

的私人空間。這些獨一無二且無可取代的特殊關係，似乎最能具體表現我們人生的意義。4

依照馬利斯的看法，這些獨一無二且無可取代的關係是個參照的標準，幫助我們瞭解我們的經驗。我們可說是被嵌在一個社會結構裡，而這個社會結構是以獨一無二的關係作為支柱。由於身處其中，我們視之為理所當然，很少去考慮其中的意義。而且可能要在某一段重要關係結束之後，才會察覺到這個社會結構的存在。

誠如馬利斯所言，剛失親的人至少有一段時間會覺得這個世界已經「沒什麼意思」。我們可能在失去至親或至愛後才發現，原來生活的意義與那個人關係密切得超出我們的想像。不過，這雖然是通例，但我們也必須記得，有些人即使在失去親愛的丈夫或妻子之後，也能感受到另一種自由，並且開啟新的生活。

社會學家羅伯．懷斯（Robert S. Weiss）針對若干失婚且加入單親團體者的研究發現，這些人雖然從團體裡獲得支持，仍然會覺得寂寞。友誼再多，也無法取代他們在婚姻中體驗到的依附與親密。

但是，無論這樣的關係對多數人來說有多麼重要，我們也不能認定只有「親密的」人際關係才能為生命賦予意義。懷斯曾針對已婚者做研究，這些人基於某種理由，都已搬離原來的居住地。雖然他們夫妻之間仍維持完好的親密依附，但對一個團體不再有歸屬感，卻也令他們感到難過。5

換言之，無論人類是否享有親密關係，他們都需要一種歸屬感，覺得自己屬於一個大於家庭的團體。親密關係的確對個人的滿足非常重要，但這種說法很容易使我們忽視其他不那麼親密的關係。精神分裂症患者及一些幾乎完全孤立的人，確實應該被視為不正常，但是，也有許多人可以靠著某些不算特別親密的關係將就度日，這些人並非全都生病了，或是特別不快樂。

軍隊或商場等社會結構也許無法給人一種親密關係裡才有的滿足感，但這些地方的確讓人覺得自己有用處、有個立身之地。前文提到蓋爾納的論點：現代社會變動頻繁且不安定，讓許多人因此倍感徬徨。但是，許多工人即使擁有了優渥的工作機會和保障，也不願放棄熟悉的工作場所，後者在某種程度上反駁了蓋爾納的主張。

每個人都是某個生活圈的一部分，有他特定的角色要完成，他的生命就是這樣才具有意義。這個生活圈還提供了一個參考框架，一個人正是透過這個框架去理解他與別人的關係。例如日常生活中，我們常碰見許多與我們並不親近、但讓我們意識到自己的人，包括鄰居、郵差、銀行職員、店員及許多人……這些人或許都是我們見慣且每天招呼的對象，但我們對他們的生活通常一無所知。

然而，這樣一個人如果消失並且被他人取代了，我們會產生一種失落感，即使為時短暫。我們會說，我們對某某人已經「習慣」了。我們所失去的是相互的理睬、對彼此存在的承認，以及因此而來的某種肯定（即使只是些微）——肯定彼此多少都你來我往地促成了生活的型態。

這類關係在多數人生活裡扮演的角色，重要性超乎想像。一個人從工作崗位退休之後，就失去了那些曾經答理、肯定他的人。我們知道，多數人都希望被愛，至少希望有人理睬，有人向你打招呼。

今日西方社會有許多人都過著一種幾乎毫無親密關係的生活，儘管他們清楚意識到這種不足，儘管他們也設法在幻想中彌補。他們不是以配偶和孩子為中心，而是以辦公室為據點，在那裡，他們或許不被愛，但至少被認識且被重視。有些人在兒時幾乎得不到父母的理睬，因此特別需要被賞識，他們就是為了這個理由而被辦公室生活吸引。雖然某些類型的工作需要短暫的孤獨，但大多數辦公職員卻鮮少有時間獨處，也沒有人與人之間的互動。然而，大部分的人似乎認為這就是辦公生活的迷人之處。

對多數人而言，較不親密的表面關係的確很重要，這點可以由我們平日的交談內容得到證實。左鄰右舍在街上相遇，話題也許從天氣開始，在英國尤其如此。如果持續交談下去，談話內容可能就變成東家長西家短，即使是高級知識分子也很少討厭交流閒話，只不過他們可能會假裝不屑。有趣的是，比起書籍、音樂、觀念或金錢等話題，這些有關他人生活的經驗，到底在交談內容中佔了多少比例？即使受過高等教育的族群，這個比例恐怕也不低。

客體關係論者主張，親密的依附之情是生命意義與滿足的主要來源，但是，一個人無法建立或維持這種關係，並不意味他與別人也斷絕了其他較不親密的關係。多數人如果缺乏親密的依附之情，確實比較難找到生命的意義，但也有許多人以工作和相對表面的關係為基礎，過著恬靜滿足的生活。

我曾在序文中引用的愛德華·吉朋就是個很好的例子。我們還必須記住，卓越的人即使長期忍受孤獨，也不會覺得生命毫無意義，而有些人更是處心積慮尋求數週或數個月的獨處機會。至於理由，容待後文討論。

鮑比在《依附與失落》的最後一卷寫道：

對他人的親密依附就是人生之軸。人的一生從嬰兒期、蹣跚學步、學童期，經過青春期、成熟的歲月，直至老年，都繞著這個軸旋轉。一個人從這些親密的依附之情中汲取生命的活力與歡樂，然後透過他所從事的工作，再把活力與歡樂給予別人。這些都是現代科學與傳統格言咸表一致的事情。6

自從接觸鮑比的著作以來，我一直對他頗為欽佩。他堅持精神分析的觀察必須以客觀研究為後盾，也應用了動物行為學的觀念，因此在精神分析與科學的結合上比其他的精神分析研究做出更大的貢獻。

但我認為，工作的重要性及獨處時內心的感情與意義，尤其是想像力對有創作能力者的重要性，這些在依附理論中並沒得到充分的認識。親密的依附之情只是人生繞著轉的「一個」軸而已，不見得是「唯一」的軸。

第二章

孤獨是一種能力

我們必須保留一處只屬於自己的僻室，讓自己得以隨時進出。那裡有真正的自由，我們在那裡避隱，也在那裡孤獨。＊

——蒙田（Michel de Montaigne），法國作家

一個孩童在嬰兒期與幼兒期若要存活，就得依附父母或是父母的替代者；當他長大之後，如果要與其他人建立平等的親密關係，可能也不能缺少具備安全感的依附之情。很遺憾，在近代西方社會出現了許多破碎的家庭，但關心孩子幸福的父母總會設法給予孩子一個穩定且充滿愛的環境，以助長他的自信心，並維繫一種具備安全感的依附。

此外，多數父母都設法讓孩子有充分的機會跟同齡孩子交往或玩耍。在次於人類的靈長類及人類之中，母親與嬰兒之間的安全依附感，會使得嬰兒生出探索的勇氣。一個幼兒如果確定母親隨時待在他身邊，通常就會想去探索眼前的環境、想玩玩具，還想碰觸房裡任何東西，包括別的小孩。

證據顯示，一個十八個月大的幼兒，若能跟其他年紀差不多的孩子相處，會有不少好處。同齡孩子間的互動確實是學習社交技巧的機會，而這些技巧並非來自父母與孩子的互動。

比如說，打混戰可以學到應付攻擊的方法，這是同齡孩子之間常玩的遊戲，但父母跟孩子卻很少這麼玩。此外，孩子對於性的看法，通常也來自於其他的孩子，而非向父母學習而來。針對性方面有困擾的成人所作的研究顯示，這些人在兒童時期都特別孤立，他們缺乏與其他小孩相處的經驗，不知道對性的好奇心與性衝動都是理所當然的事，因此長大後會覺得自己與別人不一樣，也可能覺得自己特別邪惡。

第一章提到，多數成年人既想要親密關係，也需要對某團體有一種歸屬感。在兒童期，孩子固然必須對父母或父母的替代者產生有安全感的依附，但他們與其他孩子的關係，也提供了無可取代的社會經驗。

針對兒童這兩方面發展的研究已經不少，並且還在陸續增加中，但「孩子獨處是否重要」這件事，卻幾乎沒被討論過。然而，如果我們認為應該培養孩子的想像力，我們就必須在孩子大到能以想像為樂時，給予他孤獨的時間與機會。

許多創作者都敘述過他們在兒時與大自然神秘融合的情懷，那是一種獨特的自覺，或如詩人華滋華斯（William Wordsworth）所謂「不朽的徵兆」。惠特曼、凱斯特勒、郭斯爵士、洛斯及C·S路易士等創作家都曾有這種經驗。這類時刻一定不會發生在孩子們一起踢足球的時候，而多半是在孩子獨處時。

美國藝術史學者貝倫森（Bernard Berenson）對這種時刻的描寫特別動人，他說在「某個完美諧和的瞬間」，竟不知自己身在何處：

> 幼年及少年時代，每當我在戶外覺得快樂時，就會陷入這種忘形的狀態。當時我大概才五、六歲吧？一定不是七歲。那是個初夏早晨，銀色的薄霧在菩提樹梢閃閃飄

動，空氣沁滿菩提香，氣溫愛撫似地怡人。我記得——我毋須追憶，就是記得——我爬上一株樹椿，突然間，我覺得沒入伊特（本我）裡。當時我並沒有用這個名稱，我不需要任何言語。伊特與我已合而為一。[1]

牛津院士洛斯（A. L. Rowse）在康瓦耳郡求學時也有類似的經驗，他這樣描述：

當時我並不知道那是美感的初期體驗，是一種啟示。這在日後成為自我經驗的祕密準則，也是一種內在的資源和慰藉。後來（我轉到山下的中學唸書）當我讀到華滋華斯的〈丁登寺〉和〈不朽的徵兆〉時，我知道那正是他所描述的經驗。[2]

包括我在內的現代心理治療師，要判斷一個人情感是否成熟，都以他能否建立平等的成熟關係為準則。心理治療師幾乎毫無例外地都未曾考慮到獨處的能力也是情感成熟的一面。但溫尼考特就是個例外。他在一九五八年發表了一篇討論「獨處能力」的文章，這篇論文如今已成為精神分析領域的經典之作。溫尼考特寫道：

的確，精神分析方面的文獻，多半是有關獨處的「恐懼」或獨處的「願望」，較少涉及獨處的「能力」。另外，也有相當多作品探討孤僻的狀態，這是一種防衛心態，暗含受迫害的預期心理。我覺得關於獨處能力的「積極」面，似乎早該有所討論。3

我在第一章引用鮑比的著作，提到了幼兒早年對母親的依附，也提到嬰兒在母親離去後通常都會依序出現「抗議」、「絕望」，和「冷漠」的反應。在正常環境之下，如果母親與嬰兒的聯繫不曾橫遭阻斷，孩子就逐漸能夠忍受母親的不在場，即使母親不在的時間較長，也不會感到焦慮。

鮑比認為，在幼兒期，尤其是六個月到五歲這段依附行為最明顯的時期，孩子會漸漸培養出一種信賴感，相信依附的對象隨時都會在身邊。不過，對依附對象在或不在的敏感性卻要持續到青春期。英國許多中產階級的小孩在幼時都有完整的安全感，但是七、八歲被送到寄宿學校就讀之後，他們的期望也活生生地破滅了。

一般認為，孩子出現纏人的行為，就表示沒有安全感。孩子不讓母親稍離片刻，是因為不相信母親會回來。反之，孩子如果相信依附的對象隨時出現在眼前，就能放心地被留下。如此說來，獨處能力是內在安全感的表徵，這種安全感早在幼兒期已逐步建立。雖然有些孩子會躲開同伴，而且顯得異常孤立，也就如溫尼考特所說的處於「孤僻狀態」，但是一個在某程度上能夠自得其樂的孩子，卻不能與之混為一談；某些自得於想像世界的孩子，也許能發揮創作的潛力。

我們可以把安全感的建立看做是一種制約的過程。孩子有需要時，依附的對象就會出現在眼前，如此反覆證實的結果，孩子自然而然會接受制約，認為這個依附對象將來也會隨時待在他的身邊。

精神分析師通常把這個過程稱為「向內心投射一個好對象」，也就是說，藉由投射作用，這個依附對象變成一個人內心世界的一部分，也因此，這個對象是即使不在眼前、也能被依賴的人。這種說法似乎有點牽強，但多數人有時會自言自語：「如果是某某，他會怎麼做呢？」他們說這句話時，就是在依賴某個人，這個人雖然不在現場，但早已融入他們的想像世界，是他們進退兩難時求助的對象。

溫尼考特指出，成人獨處的能力，源於嬰兒時期「在母親面前」的獨處經驗。他假設的情況是，嬰兒已經吃飽、穿好，肢體碰觸的需求也已經滿足，因此不必再向母親需索什麼，而母親也不必再急著為他張羅什麼。溫尼考特寫道：「我正設法證實這個似非而是的論點：獨處能力根基於在某人面前的獨處經驗，這種經驗如果不充足，就無法培養獨處的能力。」[4]

溫尼考特又提出一個極為有趣的說法：「嬰兒只有在獨處時（即在某人面前），才能發現他個人的生命。」[5]嬰兒心智尚未成熟，如果要培養「我」的意識——「我」就是有獨立身分的另一個人——就必須有他人從旁協助。

溫尼考特認為，在母親面前的獨處經驗可以形成一種放鬆的心態，當嬰兒能夠處於這種放鬆中，他會開始意識到「我」，也開始體驗某種興奮或衝動：「在這種狀況之下，興奮或衝動都會產生真實感，是一種真正的個人經驗。」溫尼考特拿這種個人經驗的感覺，來對照他所謂的「只是反應外來刺激的虛偽人生」。[6]

溫尼考特職涯的大部分時間，都特別關注一個人經驗的真偽。他治療過的病人當中，有許多人在兒時都因某些理由而學會過度順從，也就是說，他們學到的生活方式是要符合別人的期望或取悅別人，或者不得罪別人。這些病人都建立了溫尼考特所謂的「虛偽自我」。

換句話說，這種自我基本上就是要如他人所願，而非以自己真正的情感和本能需求為根據。這樣的一個人，終究會覺得人生毫無意義又徒勞無功，因為他只是在適應、而非在體驗這個世界；他不認為這個世界可以滿足他的主觀需求。

溫尼考特對嬰兒主觀經驗的推測雖然不可能獲得證實，但我發現他的觀念頗具有啟發性。他認為獨處能力最初是取決於鮑比所說的，一種有安全感的依附；而有安全感的依附，就是孩子能在母親面前平靜自處，既不擔心她會離開，也不擔心她會不會要求他做什麼。這樣一個有安全感的小孩長大之後，就不再需要母親或其他依附對象出現在身邊，也能放心獨處較長的時間。

不僅如此，溫尼考特進一步提出，獨處的能力——先是在母親面前，然後是她不在時的獨處——**也關乎一個人能否接觸並表達內心的真實情感**。孩子唯有在體驗過一種滿足且輕鬆的獨處之後，才能確定他可以不顧別人對他的期望或強求，進而發現自己真正的需要或願望。他說：「由此看來，獨處的能力與自我發現和自我瞭解有關，也就是關係到一個人能否察覺內心最深處的需求、情感與衝動。」

精神分析的治療，是設法使一個人接觸到內心最深沉的情感，而治療所運用的技術，可說就是鼓勵一個人在分析師面前獨處。這種類比特別適用於精神分析早期，也就是移情的分析還未成為主流時的步驟。使用臥榻不僅能讓人放鬆，還可以避免受分析者與分析師的眼光互相接觸。如此一來，受分析者就不會太惦念分析師的反應，而容易專注於自己的內在世界。

有些分析師仍然相信，製造一個有安全感的氣氛，至少與他們所提出的任何詮釋一樣重要。病人可以在那種氣氛中探索並表達私密的思想。

我認識的某位分析師就曾用一個病人的故事解釋這個論點。這位病人在他那裡接受了一週三次、為時一年的治療。每次會面時，這位病人就躺在臥榻上全心全意地自由聯想。一年終了，這個人自言已經痊癒，並且向他表達謝意。這位分析師聲稱，整個治療期間，他從未提出任何詮釋。即使這個特殊的故事有點誇張，不過把它類比於溫尼考特的假說中那種有安全感的嬰兒與母親之間的關係，倒顯得很有意思。

我們知道，在分析療法中，只要深入研究並瞭解病人與分析師的關係，就可以幫助病人與外在世界的他人建立起較好的關係。一個人如果有勇氣接觸並表達內心深處的情感，同時還不必擔心被拒絕、被批評或被視為異類，他的內心就會出現一種重組或揀選的過程，連帶地給他一種平靜感，也就是一種已觸及真理深處的感覺。這個過程本身就有助於復原。

分析師可以提供一種有安全感的氣氛，但他的詮釋卻不見得必要。前文提到的那個病人，也許不管分析師是否保持沉默，他都會痊癒。也或許，正由於分析師保持沉默，他才得以痊癒。無論如何，他的故事都有很強的真實性。我認為，創作過程中會出現一段孤獨的調理過程，這個過程與上述病例的復原過程非常相像。

這種整合的過程也發生在睡眠中。即使我們與愛人同床，但睡著後我們都是各自獨眠。我們碰到一個沒有明確答案的問題時，傳統都建議我們「先睡一覺再說」，這的確是個好方法。多數人都有這樣的經驗：當你遲遲無法做出一個困難決定時，就乾脆上床睡覺，任憑事情懸而未決；但第二天早上醒來，你往往會發現解決方法變得非常明顯，簡直無法理解前晚何以竟未察覺。原來，在睡眠中已經發生了某種審查兼重整的過程，只是這個過程的真正本質仍然神秘而不可解。

另一個整合的例子是學習的過程，這個過程也需要時間獨處，最好也有一段睡眠。學生們常發現他們不容易想起考試前才設法拼命記住的東西，但是，要記起很久以前學過、並且「已經睡過很多場覺」的東西，就容易多了。神經原路徑一定是透過某種交雜著回響的作用，將新資料與舊資料連接起來，並把新資料存入長期記憶庫。

雖然我們約有三分之一的人生都花在睡眠上，我們卻不完全瞭解需要睡眠的原因，只能肯定我們的確需要睡眠。很早以前審問者就知道剝奪犯人的睡眠，很快就能令他們崩潰。雖然有些人比較特別，長時間不睡覺也能正常的生活，不損及健康，但大多數正常人只要幾天不睡覺，就會出現妄想和幻覺等精神異常的症狀。另外，值得注意的是，精神疾病發作之前，常常會有一段失眠期。

睡眠的整合功能可能與作夢有關。一九五二年，美國生物學家克萊特曼（Nathaniel Kleitman）發現睡眠有兩種，只要記錄睡眠中大腦出現規則週期的電流活動，就可以顯示這兩種睡眠的作用。當測試對象放鬆睡著後，腦部清醒時特有的快速電波就被較慢、較寬幅的波所取代。隨著較慢的波動，眼睛會出現慢速轉動，這種轉動完全不由自主，我們可以從睡眠者閉著的眼瞼輕易察覺到。

我們也可以在記錄腦波的同時，記錄眼睛的運動。一個人剛入睡時，很快就會進入一種沉睡狀態，很難把他從這個狀態中叫醒。約三、四十分鐘後，他開始睡得比較淺，呼吸變得較快且不規則，臉部和指尖會有些微抽動，眼睛也快速轉動，好像真的在看什麼東西似的。這種「快速動眼期」(rapid-eye-movement，REM）的睡眠狀態會持續十分鐘左右。接著，這個人又回到較深沉的睡眠。整個週期約持續九十分鐘。一個人如果有七個半鐘頭的睡眠，通常每隔一個半到兩個鐘頭就會出現這種較淺的「快速動眼期」睡眠狀態。

在快速動眼期睡眠中被叫醒的人，極大多數都會記起他們的夢，但是在較沉的睡眠狀態中被叫醒的，幾乎沒有人記得做過什麼夢。換句話說，似乎多數人每晚每隔九十分鐘左右就會作一小段夢。

自從發現這兩種睡眠，我們可以在一個人仍有充分睡眠的情況下不讓他作夢。早期曾針對一些被剝奪快速動眼期睡眠的人作實驗，結果顯示，不讓一個人作夢，他會出現各種症狀，但是後來的實驗卻沒有證實這點。不過那些不被允許作夢的人一旦恢復正常睡眠，他們的快速動眼期睡眠與沉睡之間的比值會增加。

服用巴比妥酸鹽鎮靜劑、安非他命或酗酒的人，也會出現同樣的現象。這些人一旦停止藥物，就會出現反彈的現象：他們的快速動眼期睡眠會增加，好像設法要彌補已經失去的部分。

根據美國睡眠研究先驅狄蒙特（William C. Dement）的論點，精神分裂症患者在病情緩和時特別需要快速動眼期睡眠，只要兩晚不讓他們作夢，就會有極端的快速動眼期反彈。而在病情未獲得緩解時，也就是在他們產生幻覺和妄想等明顯的精神分裂症狀，或出現這種病情特有的怪異舉止時，兩個晚上不能作夢，並不會發生快速動眼期反彈的現象。[7]

進一步的實驗證實了症狀明顯的精神病患不需要像正常人那樣適度地作夢，那麼，關於「精神分裂症就是做白日夢」這種舊說法就會更具說服力。相反的，正常人即使完全沒有「快速動眼期」睡眠，也不會精神異常，但是每晚都進入夢裡的瘋狂世界或許能促進精神健康，只是我們還不太了解促進的方式。

顯然，夢裡似乎發生了掃描或重新規畫的過程，這個過程對一般精神功能是有益處的。從生物觀點來看，作夢似乎具有調適的功能。學者帕隆波（Stanley Palombo）表示，作夢是設法把過去和現在的經驗連結在一起：「在夢境裡，過去某種重要的感情事件及前一天某個重要的感情經驗，會被拿來相互參照。」[8]

夢裡這種資料處理的功能，就是設法把新的經驗放到永久記憶裡某個恰當的位置。雖然還不確定這個模式是否可以解釋所有的夢，但多少可以解釋夢裡的時間何以經常脫序，因為如果今昔相互參照，那麼，夢裡的事件經常顯得混淆也就不足為奇了。

在創作過程中，英國社會學家瓦勒斯（Graham Wallas）所謂的「孵育期」，也能察覺腦內正進行某種重整的過程。瓦勒斯稱創作過程的第一階段為「準備期」，這段期間，創作者對某特定的事物先培養出一些初步興趣，收集資料並閱讀能到手的一切。

接下來，各種收集的資料慢慢醞釀，也就是說，頭腦會不知不覺掃描這些資料，參照其他的心智內容，然後加以組織或經營。雖然我們不瞭解這段孵育期的運作，但它卻是進展至下一期、也就是「啟發期」的必要前奏。在啟發期，創作者會有新的領悟，發現問題的解決方法；或者說，他以另一種方式發現自己能把那些以原則或總括概念而收集到的資料，整理出一種秩序。

孵育階段持續的時間長短不一，可以是數分鐘，也可以累月或經年。作曲家布拉姆斯曾說，當一個新觀念浮現，他總是轉而他顧，可能有好幾個月都不去想這個新觀念。等到他回頭時，總會發現這個觀念已經以另一種形式出現，而他就以這個形式為出發點開始經營。

如果說，腦內網路在數個月之內只專注在這個新觀念的交混回響，而無視其他內容，那也未免荒謬，因為腦部非常錯綜複雜，可以同時完成大量的運作。但是這種把腦內機制比擬成夢裡自然發生的掃描過程，卻十分恰當，或許也可以比擬為禱告或在冥想中微妙進行的揀選過程。腦內線路的運作機制至今仍不可解，不過可以肯定的是，這些運作過程都需要時間、需要沉澱，而且處在孤獨中更好。

有些創作者可能需要實際上的獨處以求得安寧，有些則否。以舒伯特和莫札特為例，他們就能在別人認為會分心的環境中專注於自己的意念。批評家普遍指出，這種人即使與別人在一起，也往往將心思集中在自己身上。溫尼考特所提出似非而是的說法，也就是「在某人面前的獨處」，可能不只適用於母親身邊的嬰兒，還適用於上述那種人，因為他們即使被人群圍繞著，也能全神貫注於自己內在的過程。

上述那種心智過程需要時間，而能夠引發新領悟的孵育期，可能也需要長時間的孕育。這兩點也可能與人類智慧的一個特徵有關。一個有智慧的行為，就是「在個人生命期間因應求變的行為」[9]，與那種受預設模式支配的行為剛好相反，而後者正是進化階段許多低階物種的特徵。但凡取決於固定因應方式的行為，都是反射性的立即反應，而人類行為在多數狀況之下則顯得有彈性多了。這不僅依賴學習與記憶，還必須依賴「不」反應的能力，也就是對某個刺激「不」做出反射性的反應。

英國動物行為學家大衛．斯滕豪斯（David Stenhouse）提出，要從本能行為進化到有智慧的行為，必須具有三項因素。最重要的因素，就是能使動物個體面對刺激狀況時，「不」依平常方式作出本能反應；這項因素未形成前，這種刺激狀況都會引發一連串的本能動作，直到完成的動作出現才會告終。*這種不反應的力量可能是絕對的，也可能只是延緩本能反應的能力（可說是暫時抑制住而已），但如果沒有這種力量，行為就不可能會因應求變。[10]

一個人如果要對固有狀況產生新的反應，就必須有能力學習、有能力貯存所學。斯滕豪斯提出的第二項因素是：中央記憶庫要發達。在這個記憶庫中，有相關功能的項目都會歸檔，新的經驗因此會比照檔案處理。與這點異曲同工的是前述帕隆波的說法，也就是：夢可能會進行揀選，設法把新舊經驗並列參照。

斯滕豪斯的第三項因素是：摘要或歸納的能力要發達到某種程度：「一定要有分辨異同的能力，才會在所有的記憶中選取適當的項目，用來修正現在的行為。」[11]所有能從經驗中學習的動物，多少都具備這種能力，但以人類最為發達。

對任何狀況都能夠不立即反應，才會出現有智慧的行為——這個觀念也可以與作夢的現象連結。我們常夢見自己在旅行、在走路、在跑步、在打架，或做各種肢體活動。但實際上，作這種夢的人，除了眼睛會快速轉動或四肢稍微抽動外，幾乎沒有什麼動作。這是因為作夢的同時，腦內發生了一種抑制運動神經中樞的作用，腦皮質的電流活動也因此跟著增加。

對貓所作的實驗顯示，腦內負責抑制運動神經中樞的部分如果被破壞了，貓就會做出夢裡發生的事，即使還處於睡眠中，也會有攻擊或嬉戲的行為出現。由此看來，夢裡抑制運動的作用，可以視為延緩立即反應的一種方式，大腦因此可以進行某種揀選的工作。

當我們清醒並「思考」時，也會出現類似的抑制作用。思考可說是行動前的預備工作，是在掃描各種可能性、連接各種觀念，或評估可能的對策。最後，思考的結果總會引發某種肢體動作，這個動作也許只是按下打字機的某個鍵；但在思考進行時，這個最終動作必須延緩出現。

許多人對這種延緩感到難以適應，因此他們在思考時，總會做出某種取代性的動作，比如走來走去、抽煙，或者玩弄鉛筆。雖然一個人專注於自己的心思時，身邊或許還有人在，但是思考本身卻是極為孤獨的一種活動。

另一種可以類比溫尼考特「獨處能力說」的現象，就是禱告。禱告不只是為自己或別人祈求福祉而已。雖然禱告有時是一種公開的敬拜行為，但是私下禱告的人，會覺得自己是在神的面前獨處。這也是一個人接觸自己深處情感的一種方式。

有些宗教上的禱告甚至不期望獲得來自超自然的任何回應。禱告時，意不在影響

＊譯注：完成的動作（consummatory act）是動物行為學用語，飢餓的掠食動物啃食捕到的獵物，就是慾望即將滿足的「完成的動作」。

神祇，也不希望直接得到答案，只是想達到一種和諧的心境。禱告與冥想都有助於整合，因為原本不相關的思想和情感，都因此有了充分的時間交互作用。

創作過程中很重要的一點，就是能接觸到自己最深處的思想與情感，並讓這些思想和情感有時間重組成新的形式，這也是紓解緊張並促進精神健康的一種方式。

因此，如果要讓頭腦起最大的作用，如果一個人要發揮最大的潛能，似乎就必須稍微培養獨處的能力。人類很容易忽視自己最深處的需求與情感；而學習、思考、創新、與自己的內在世界保持接觸，全都要借助孤獨。

第三章

孤獨的用處

曾經，在人事紛擾之際，孤獨是我的願望。
如今，孤獨與我為伴。
見過了「歷史」，還會有別的不亦快哉嗎？*

——戴高樂，法國政治家

當精神的態度必須加以調整，獨處的能力就成為很重要的一種資源。一個人的環境一旦經歷重大的改變，可能就需要重新評估生存的意義與重要性，但如果，這個社會公認人際關係可以解決各種憂苦，有時就很難讓善意幫忙的人相信，孤獨與感情上的支持一樣具有療效。

死別的傷心經驗，也就是喪失配偶、孩子、父母或兄弟姊妹，幾乎是所有人都會碰到的變故。研究證實，每個人在喪親之後，的確要經過一段時間才能節哀順變。但研究也顯示，人類為了避免傷心，會採取各種自衛措施，而這些措施可能就阻礙了哀喪的過程。

英國的中上階級一向不喜歡令情感外露，因此刻意加強並推崇某些自衛措施。例如，一個剛失去愛妻的男人如果絕口不提喪親之痛，每日照常工作，甚至比平時工作得更勤奮，往往會受到旁人的讚賞。會有這種現象，部分是因為大家推崇堅忍的態度，部分則是因為緘默的傷心人可能不願意讓朋友為難。很多人都不知道該對喪親者說些什麼才好，因此，這個人本身如果表現得彷彿沒事一般，他的朋友就會欣慰地以為他不需要別人表示同情。

對喪親者的這種勇氣表現出讚賞，實在是表錯意了。每位心理治療師都會碰到一些病人，他們對於傷痛的處理方式只是抿緊雙唇或戴上一副冷漠的面具，因此他們的哀喪過程被延緩了，而且也不完全。結果在其後的心理治療過程中，一旦提起死者，他們就會克制不住哀慟，即使這位親人早在數個月或數年前就已經去世了。

客觀研究顯示，寡婦在喪夫之初如果沒有表露哀傷，那麼在接下來的一個月，她的肉體和精神就會出現更多的病症，讓病情持續得更久。而且十三個月之後，比起那些喪夫第一個星期之內就「崩潰」的人，她的困擾也比較多。[1]

許多社會型態都會提供喪親者一段哀喪期，讓他們不必去工作或參與平日的活動。在上一章中，我們提到某些如「孵育期」這種需時甚久的心靈過程，哀喪其實也是一種期限很長的過程。

在希臘的鄉間，喪親的婦女按規定要居喪五年。這段期間她必須身著黑服，每天去上死者的墳，而且必須與死者對話。墳墓常被擬人化：一個婦女會說她去探望丈夫或女兒，而不說去上墳。所有這些需要的禮制，都有一種強調逝者已矣的效果。

> 希臘的許多村民都認同當地固有的情感宣洩理論*。他們瞭解，儘管一個失親的婦女希望完全沉浸在痛苦、憂傷與悲苦的情感中，但是她居喪的最終目標，就是要透過反覆的宣洩，除去這些情感。[2]

當屍體被掘出墳墓，居喪期便隨之結束了，也就是終於接受死亡的事實。接著，死者的骨頭會被收納進一個金屬箱，與其他村民的骨頭一同放在納骨堂裡。

一種新的社會真相呈現在喪親者眼前，使他可以全心投入一個死者並不參與的世界，這個過程就是逐漸淡化與死亡相連的情感，與新的人物建立新的社交關係，不斷面對死亡的客觀事實，最後在掘出死者的骨頭時達到高潮。這個過程能使喪親者盡可能完全接受死亡不可復歸的終極本質。[3]

正統猶太信徒在喪親後，除了每天上一次教堂之外，總會待在家裡，他人自會張羅食物並予以照顧。雖然英國精神科醫師帕克斯（C. Murray Parkes）對猶太習俗在某些家庭的約束力抱持懷疑態度，但是依照我有限的經驗，我想，對哀喪者施行部分隔離並禁止他的正常活動，仍然是有益的。

節哀順變是一種困難、痛苦，而且多半顯得孤獨的過程；設法讓喪親者分心可能沒

---

*譯注：根據亞里斯多德的《詩學》，悲劇有宣洩情感的作用。

什麼幫助，只是延緩這種過程罷了。任何儀式，只要能夠突顯死別的痛苦和難忘，都是有用的儀式。

今日英國宗教逐漸式微，幾乎沒有任何指標可以說明哀喪者該是什麼樣子。昔日的傳統會頒佈居喪期，而且一身黑服就可以表明居喪者的現況，因此喪親者比較容易進行必要的身心調整。

對喪親者而言，親友的支持與同情雖然有幫助，但失去至親至愛之後的節哀順變，別人只能有限的分擔痛苦。這種順變的過程非常私密，因為事關喪親者與死者之間的親密關係，這種關係別人沒有分享過，也無從分享。居喪或哀喪的真正本質，就是夜晚守靈時，一個人孤獨的內心深處所發生的某些作用。

居喪也是一種持續甚久、而且終究能改變態度的精神過程。哀喪者對事情的看法會變得不同，不再認為生命必須依靠與死者的親密關係，甚至必須由這種關係構成。他可能會、也可能不會再建立起新的親密關係，但是無論如何，他通常能瞭解到生命的意義並不完全是由人的關係組成，而且沒有親密關係的生命自有其旨趣。

態度的轉變需要時間，因為我們針對生命或針對自己的思考方式很容易積習難改。精神分析發展之初，分析師都不願意受理五十多歲或年紀更大的病人，因為他們認為不可能改變這些病人的態度。但接下來的幾年，大家開始瞭解到即使是年長者，也有機會改變心態。有些人總覺得很難適應環境的變動，不過這種僵化態度倒不算是老年人才有的專利，而是強迫性人格的特徵。

無論年紀是少是老，態度的轉變都得借助孤獨，也經常藉助環境的改變，因為習慣性的態度與行為會因外在環境而積習更深。舉個例子來說，任何試圖戒煙的人都知道，想抽一支煙的慾望，經常取決於環境中一再出現的誘因：吃完飯、在每天慣用的書桌前坐下、工作完畢一杯在手……與煙癮搏鬥的人都熟悉這些極尋常但刺激性極強的場合。這就是為什麼許多人都覺得度假時比較容易戒煙。在不熟悉的地方，一個人不必在每天同一時刻做同樣的事，因此環境中的誘因不是自動消失，就是失去某些意義。

休假就是避開日復一日的生活常軌。需要休假，往往表示需要「改變一下」。休假與改變的能力是二而一的事，一為言內之意，一為言外之意。英文「retreat」一詞（退卻）也有類似的言外之意。雖然在敵人面前退卻可能就代表了失敗，但也未必如此。退卻可以像法文成語「以退為進」（reculer pour mieux sauter）一樣，意為睡覺、休息或消遣等各種精神或肉體的調適。

此外，retreat 這個字也可以用來表示一段避隱期間或避隱的場所，特別是為宗教冥想或寂靜禮拜而設定的期間或場所，差不多就是中文所說的「避靜」或「閉關」。

英國有一家創立於一七九二年的著名精神病院，就名為「The Retreat」，至今業務仍然蒸蒸日上。創辦人圖克（Samuel Tuke）所設立的管理制度強調了寬容、仁慈及最低限度的約束。這所醫院提供了一處遠離塵囂的安全「避難所」，期使精神病患紛擾的心靈出現有益的改變。

這也是「休養療法」的基本觀念。這種治療精神疾病的方法，是由十九世紀後半美國一位執業神經科醫師米契爾（Silas Weir Mitchell）所提倡的。「休養療法」到了二十世紀就變成了「持續睡眠療法」，也就是利用藥物讓病人每天持續睡二十個小時以上。前文提過，正常睡眠能有效織理散亂的煩惱絲，但藥物卻會抑制「快速動眼期」睡眠，使整個睡眠無法發揮這種「織理」的功能；這可能也是這種療法不再被採用的原因。

休養療法與持續睡眠療法都需要病人離開與自身相關的人與事，並且要部分隔離。今天，精神醫學教科書都很少提到隔離的療效，強調的多半是集體參與、「環境療法」、病房聚會、醫護人員與病人的互動、職業療法、藝術療法，以及其他讓精神病患一刻不得閒，還能與病友或醫生護士保持接觸的療法。

這種持續不停的活動對精神分裂症的患者或許很有幫助，因為他們很容易全然自絕於外界事物，但是我不太相信這種療法對憂鬱症病人的益處，也很遺憾一般精神病院沒有提供任何東西給那些想要獨處，而且可能得益於獨處的病人。

偉大的宗教領袖都瞭解孤獨會促進領悟與改變，他們經常必須遁離這個世界，一段時間之後再回到人群，與人分享期間得到的啟示。例如，釋迦牟尼的傳說雖然不少，但是我們可以說，當他在尼連禪河河畔的樹下冥想並且豁然大悟時，他對人類處境的長期思考就已達到最高點，也是最終點。

根據馬太福音和路加福音，耶穌在曠野度過了四十天，遭受魔鬼的試探，然後才回來宣示懺悔與救世的信息。穆罕默德在每年齋月期間，都會獨自避隱到希拉山的洞窟裡清修。西恩那的聖加德琳*在展開教書與佈道的活躍生涯之前，曾在貝寧加撒街的小房間隱居長達三年，並歷經了一連串的神秘體驗。

置身於當代西方文化，很難使人得到一種孤獨的平靜感。電話隨時威脅著隱私，都市裡根本不可能避免汽機車、飛機或火車的噪音。這當然不是今天才有的問題，汽車發明之前，市區街道間歇的吵雜聲可能比現在還嚴重；馬車包鐵皮的輪子壓在石子路上，可能比橡膠輪胎輾過柏油路更吵。但是，雖然有法令設法約束，都市噪音仍然日益升高。

*譯注：St. Catherine of Siena，1347-80，羅馬天主教的聖者。

由於噪音無所不在，許多人在沒有噪音的情況下竟然感到非常不自在。於是，商店、旅館、飛機上甚至電梯裡，就充塞著各種錄製的背景聲音。有些人說，他們在開車時才會感到放鬆，因為可以獨自一人，別人暫時不會打擾他。但是，汽車音響的普及證明了人類渴望不斷聽到聲音，而汽車電話的發明，也確保了使用者不致於聯絡不上。

下一章，我們會探討「感覺剝奪」的層面。誠如熱中於減噪人士所發現的，感覺過剩（感覺剝奪的相反）是個普遍被忽視的問題。現代都市環境讓我們缺乏寂靜與孤獨，因此，可能為了彌補這種缺陷，近年來很盛行「超覺靜坐」*等各種養生之道。

離開習慣的環境，可以提昇對自我的理解，並且讓自己接觸到內心的最深處，而這在日常生活的紛擾中往往無法做到。就常情而言，我們必須與這個物質世界及他人互動，才能建立自我意識。好比說，我的書房和成排的圖書都反映了我的興趣、確認我的作家身分，並加深了我對自己的認知；我與家人、同事、朋友或泛泛之交的關係，則說明我是抱持著某種看法的人，也說明我是一個每種行為皆有跡可循的人。

但是，我開始覺得這些界定一個人時慣用的標準，也是很狹窄的。假定我已經不滿意這個習以為常的自己，或覺得有些經驗或領域是我所無法觸及的，又該怎麼辦？探索這個困境的方法，就是離開目前的環境，看看會有什麼事發生。這種作法並非沒有危險。內心形成一種新的體系或新的整合之前，一定會出現某種程度的失序，但除非體驗過，否則沒有人知道舊型態瓦解後是否會繼之以更好的東西。

美國海軍少將柏德（Admiral R. Byrd）曾獨自駐守在南極一處氣象觀測基地。他在勤務報告中生動描述了對孤獨的渴望，渴望能藉此逃避日常生活的壓力，並且更新自己。他堅持獨自執勤，並承認他並非真的想做氣象觀測，氣象觀測工作只是他得以孤獨值夜的藉口。他說，「除了氣象和極光的研究，我沒有任何重要目的。我只是渴望一個人待著，渴望認識那種經驗，獨處一段時間，把平和、寂靜與孤獨品嚐個夠，以瞭解箇中的滋味。」4

柏德並非為了逃避某些人生的不幸遭遇，他自言過著極為快樂的生活。不過，在此前十四年間組織各種探險隊的壓力，加上為探險隊募款的煩憂，以及成功後不可避免的盛名之累，導致他所謂的「烏合之眾的混亂」。他似乎迷失了生活的目標。他覺得沒時間讀自己想讀的書，聽自己想聽的音樂。「我要的不只是地理上的隱秘。我想深深根植於某種可以休養生息的哲學。」5

＊譯注：TM-transcendental meditation，以印度古籍為根據的一種攝生法，藉著定時的冥想使身心鬆弛並淨化，冥想間要不斷口唸咒文。

他也承認，他想在一種未曾經歷的嚴酷生活中考驗自己的耐力。從他的日記中，可以瞭解到他希望在生命中尋求新的意義。某天他寫道：

下午四點，氣溫是冰點以下八十九度，每天例行的散步……駐足傾聽靜寂。白日將逝，夜晚將生，卻極其平和。這是宇宙歸序的過程與力量，無法衡量，既和諧又無聲。是的，就是和諧！一種出自靜寂的東西——一種溫和的節奏，一種完美的和弦，或許就是天體之音吧！抓住那種節奏，就足以使我暫時成為它的一部分。

那瞬間，我確實感覺天人合一，我相信那種節奏絕非隨機的產物，因為太有序、太和諧也太完美了，因此渾然一體之中定有其旨意，而人是這一體的部分，不是偶然出現的分枝。那是一種超越知性的感覺，可以觸及人的絕望核心，並發現核心在無底的深淵。宇宙是一種秩序，而不是一片混沌，人就像日與夜，都是那個秩序的一部分。[6]

在另一個場合，他還提到此生從未如此「感覺到自己活著」。後來柏德不幸病了，火爐漏洞排出的濃煙使他中毒，因此他後半段的報告主要敘述與病體的搏鬥，而不是那些大洋似的神秘經驗。雖然柏德的經驗幾乎使他喪命，但是這個嚴峻考驗結束的四年後，他仍然認為：

> 我的確帶回某種以前沒有完全掌握的東西。如今我能賞識「活著」的純粹美感，能體會「活著」的不可思議，也擁有一套卑微的價值觀。文明沒有改變我的看法，現在我活得更單純，也更平靜。[7]

柏德所描述的是一種與天地合為一體的神秘經驗，某些宗教大師也有類似的敘述。威廉・詹姆斯（William James）在《宗教經驗之種種》一書中說：「能克服個人與『絕對』*之間的一切障礙，就是偉大的神秘成就。在這種神秘狀態中，我們既與『絕對』合而為一，也認知到這種合一。」[8]

佛洛伊德在《文明及其不滿》中提到他與羅曼・羅蘭（Romain Rolland）的書信往返，後者曾接受他贈閱的一本書《幻想的未來》，那是一本摒棄宗教的書。羅蘭抱怨佛洛伊德不懂宗教情操的由來，而羅蘭確信這個來源是「對『永恆』的感動，也就是一種無限無涯的、可說是『大洋似的』感覺。」佛洛伊德則說，他的內心絲毫沒有這種感覺，並解釋羅蘭所描述的應該是一種不可分解的感覺，一種與外在世界合成一體的感覺[9]。

*譯注：the Absolute，哲學上是指不受外在影響，能獨立存在的那一切；宗教上就是神。

佛洛伊德進一步把這種感覺比擬為熱戀到極點的感覺，人在那種時刻可能會覺得與愛人合為一體。正如我們可以想像的，佛洛伊德把這種大洋似的感覺視為回到幼年階段的退化現象：是嬰兒吸吮母乳的感覺，是嬰兒學會區分自我與外在世界之前的感覺。根據佛洛伊德的說法，這是一種漸進的過程：

這種事一定讓幼兒印象極深刻：各種刺激來源中，有些隨時都會給他感覺（例如他自己的身體器官），有些來源則否，只有在他尖叫求救時才會出現（例如母親的乳房）。就這樣，第一次有一個「對象」與他的自我互相對照，這個對象是「外面」的某種東西，要用特別的動作才能迫使它出現。[10]

羅蘭主張宗教情操源自一種大洋似的感覺，這種說法並沒有讓佛洛伊德動搖。佛氏認為人類對宗教的需求，根源於嬰兒期的無助感：「我認為兒時最強烈的需求，就是父親的保護。」[11]然而，他也承認，大洋似的感覺在成長後的人生階段也許會與宗教互有牽連，並推測說，天人合一是尋求宗教慰藉的初次嘗試。雖然自我發覺到外在世界有危險的威脅，但是用「天人合一」這種方式，好像就可以否認危險的存在似的。[12]

雖然我們經常自欺，或用各種幻想來滿足願望，但像佛洛伊德那樣解釋大洋似的感覺及意義，也不令人滿意，因為這種經驗似乎比他所說的更加重要。前述的自衛策略，以及逃避現實的願望滿足法，通常膚淺而不太真實，甚至用上這些方法的人也這麼認為。但是，柏德和威廉·詹姆斯所敘述的那些心境則不然。體驗過的人都說，他們對自己或世界的看法都因這些心境而產生了永久的影響，這些心境是他們一生中最奧妙的時刻。不但覺得自己與天地合一的人這樣說，那些覺得自己與愛人合為一體的人也這麼認為。

佛洛伊德看出了兩種合一現象極為相似之處，這觀點是對的；但他排斥這種合一，認為那只是回歸不成熟期的退化，這觀點就不正確了。雖然這些感覺極為主觀，而且幾乎無法衡量或以科學方法細察，不過，與愛人合為一體或與天地合一都是內心極深的感受，或許倏忽即逝，但絕非不願面對事實的逃避或自衛行為。

大洋似的感覺與嬰兒期母子一體的體驗，當然可能彼此相關，每個人的生命都是由母子一體開始逐漸分化為獨立個體，因此主體與客體融合、自我與大自然或愛人合一，都可能反映出最初母子的經驗。但佛洛伊德或許因為並不承認這樣的經驗，所以視之為錯覺。然而，描述忘形一體感的人通常都說得極為真實，甚至比他們記憶中任何感覺都要來得真實。

忘形的一體感，有時可以連結到對死亡的接納或渴望。

華格納把性愛的熱情理想化，並視之為忘形之一體感的原型，因此歌劇《漂泊的荷蘭人》中以漂泊者的救贖（仙妲的愛情與自殺就是他的得救之道）作為結束。[*1]據說他當初對舞台設計的要求是，必須讓觀眾看到這對被美化的戀人映著夕陽餘暉冉冉上升，直向天國。

歌劇《尼柏龍指環》的最後一部〈諸神的黃昏〉結束時，布倫希德騎馬躍入愛人齊格菲的火葬堆，與他共赴死亡。《崔斯坦與伊索德》[*2]落幕前，崔斯坦死在伊索德的懷裡，他高唱著「充滿愛之死」（*Liebestod*），然後在忘形狀態中吐出最後一口氣。華格納指出：

> 唯一長存的就是慾望，澆不滅的慾望，生生不息的渴望，那是一種激烈的熱望。唯一的解脫之道就是死亡！生之終止，不醒的長眠！那種力氣耗盡之後心又被慾望——未滿足的慾望——折磨得憔悴不堪，因為慾望結果之後又會播下新的慾望之種，直到最後連慾望也倦懶，疲累中看到一絲最高福祉之光：放棄生命之福，不再存在之福，以及終得救贖之福。
>
> 得救解脫之後，進入那個我們越賣力想去卻越步入歧途的奇異國度。我該稱之為死

亡嗎？或者，那不就是夜晚的奇妙世界？——根據故事，在那個奇妙的夜間世界裡，一藤一蔓縺綣纏綿，突然出現在崔斯坦與伊索德的墳墓上方。13

格林・貝涅特（Glin Bennet）在《超乎忍耐》一書中描述了在孤獨的旅程中，自己內外和諧，並與天地合一的大洋似的感覺。尋求這些經驗是他長途旅行的原因之一，但隨之而來的卻是自殺的誘惑。貝涅特提到獨臂水手法蘭克孟維爾，當他航行於加勒比海，忍不住想回頭看看他美麗的遊艇，於是他從船側探出身子向後看。那種景象讓他激

*譯注1：《漂泊的荷蘭人》（*The Flying Dutchman*）是一八四一年華格納所譜寫的歌劇。主人翁荷蘭人因向宇宙挑戰而遭譴，注定終生要駕著小船「漂泊的荷蘭人號」顛簸於大海，直到真心愛他的女人出現才能得救。他每七年上岸一次尋找愛情，最後遇到仙妲。仙妲雖已有愛人卻屬意荷蘭人，結果反讓荷蘭人懷疑她不忠。劇終，荷蘭人乘船離去，仙妲跑上懸崖，大聲訴說了她的愛情至死不渝之後，隨即躍身入海。「漂泊的荷蘭人號」因仙妲的真愛而獲得解脫，劇終船毀人亡，可謂典型的華格納式救贖。

*譯注2：《崔斯坦與伊索德》（*Tristan und Isolde*，一八五九年）是華格納根據傳奇自編自譜的歌劇。崔斯坦代表康瓦耳國王馬可去迎接未來的王后，也就是愛爾蘭公主伊索德。兩人陰錯陽差喝下愛情的藥酒，同陷情網而不能自拔。從此兩人經常幽會，朝臣梅洛特私傾慕伊索德而不得，因此向國王告密。國王撞見他們的私情後，雖然痛心，但仍然詢問她自己的意向，她答說願意隨崔斯坦走，梅洛特因此向崔斯坦挑戰。崔斯坦不幸重創。數天後，他死在伊索德懷裡，伊索德也萬念俱灰，隨即氣絕而亡。

動得想放開繩索，永遠與海洋合為一體。[14]

貝涅特還舉了一個同樣危險的例子，那是根據克莉絲提安．黎特（Christiane Ritter）的記載。她曾在挪威斯匹茲卑爾耳群島西北部的一間小屋度過幾天完全孤獨的日子，當時她丈夫和友人都外出打獵了。她描述各種幻覺與錯覺，其中之一就是她不知怎麼著覺得自己就是月光，月光就是自己。此外，她還夢見在冰下流動的水似乎在引誘著她。獨處九天之後，她已經不敢冒險走出小屋了。[15]

濟慈在《夜鶯頌》裡也捕捉到一種忘形的狀態，以及忘形與死亡之間的關聯。

我在黑暗裡傾聽；呵，多少次我幾乎愛上了靜謐的死亡。
我在詩思裡用盡了美好言辭，求他把我的一息散入空茫，
而現在，哦，死是多麼富麗：
在午夜裡溘然魂離人間，當你正傾瀉著你的心懷，發出這般的狂喜！[16] *1

我們可以理解忘形心態與死亡的聯想*2。這種稀有時刻完美得讓人難以回到凡俗，因此企圖在緊張、焦慮、愁苦和煩惱等心情出現之前結束生命。

對佛洛伊德而言，自我的分解只不過是回歸嬰兒期的狀態，或許的確是個幸福的狀

態，但再幸福也只是個失落的樂園，任何成人都不能也不該希望再回去。

對榮格來說，達到這種狀態是一種很高的成就，也是超自然的經驗，一個人可能要長期努力瞭解自己，並設法找出生存的意義，才能獲得這些經驗。

在後面的章節中，我們會進一步探討榮格的「個體化」概念，那是個人精神世界中對對立現象的統一概念。

＊譯注1：《英美名詩一百首》，查良錚譯注，書林出版公司，一九九三年。
＊譯注2：詩裡的「狂喜」就是前文一再提到的「忘形」。

第四章 強制的孤獨

最糟的孤獨，就是欠缺真誠的友誼。*

——法蘭西斯・培根，英國哲學家

上一章，我們概述了自願孤獨的某些益處。但是，別人強加在我們身上的孤獨就是另一回事了。

單獨拘禁一般都被視為嚴刑，若再伴以威脅、不確定感、睡眠缺乏和其他的手段，受刑者正常的精神功能就可能遭到破壞，事後無法進行彌補與再整合。另一方面，不那麼嚴厲的囚禁有時倒有些益處，例如，平日生活中令人分心的事一旦因此斷絕，有創作潛能的囚犯就會被激發出想像力。許多作家都是在獄中或情況許可下開始創作的，要不就是在出獄之後，把獄中所受到的精神煎熬盡情地表現在作品中。

罰監坐牢原本是強迫罪犯悔改的一種人道方式，用以取代截肢、烙印、鞭笞、車裂等恐怖體罰或殘忍的處決。幾世紀以來，監牢在各地都很普遍，暫時拘禁那些地痞流氓、酒鬼、乞丐及作奸犯科的人，也用來拘留待審的被告和待刑的罪犯。但是，拘禁變成懲罰重刑犯的方式，卻是晚近的事。

美國犯罪學家諾瓦・摩利斯（Norval Morris）說：

> 監獄是美國人的發明，是十八世紀最後十年的賓州教友派信徒發明的。教友派在他們的「感化院」裡不用殘酷且無益的死刑或體罰，而是藉由隔離與懺悔以收矯正之效，以及藉經文訓諭及單獨閱經的方式來提昇道德水準。這三種處置包括讓罪犯離開損

友，給他們思考及自省的時間，用聖經的箴言引導，這對於會省思、發明監獄但較少坐牢的教友派信徒來說，無疑是有用的。較不確定的是，這種方法是否也適用於接二連三來坐監的廣大民眾。[1]

這當然是令人啼笑皆非的不實之言。今日，一般認為囚禁非但不能打擊犯罪，還會使得情況變得更糟，它的嚇阻作用很值得商榷，改造的效果則微不足道。把罪犯集結在一處，只會強化犯罪文化。長期徒刑使得罪犯必須與家人分離，導致家庭關係破裂，反而增加了再犯的可能性。家庭和社會提供的支持，是罪犯被釋放之後不再犯罪的因素之一，而釋放後讓他們有一份適當的工作，同樣是降低再犯率的因素之一。但是，多數社會都不願意為監獄投資花費，因此獄中非常缺乏訓練或教授職業技能的規畫。

英國的一般監獄裡，除了對嚴重暴力犯施行相當短暫的單獨拘禁，否則很少單獨拘禁犯人；而在法國，單獨拘禁只用於無期徒刑的初期，不過在這段期間，犯人還可以偶爾參加團體活動調劑身心。隔離的用意原本是迫使罪犯面對自己的良知，促使他悔悟自新，因此單人囚房的設計也仿照了修道院的密室。但監獄當局最後瞭解到，隔離會給犯人相當大的壓力，導致精神不穩及失控行為。當然，與其他罪犯待在一起，犯人或許會更想犯罪求生，但兩害相權，這個壞處還是比較輕。因此，長期隔離被視為是既殘酷又無效的作法。

此外，自二戰以來，英國的監獄一直人滿為患，因此犯人即使想要孤獨反省自己的罪過，實際上也不可行。今天，為單人設計的囚房都必須囚禁三個人，這當然違反一九五五年聯合國大會通過的「罪犯處置最低標準條例」：除了「暫時」擁擠的情況外，每個犯人在晚上都必須擁有自己的囚房。

在丹麥，待審的拘留犯被單獨拘禁的比例很高。在過去，歐洲沒有一個國家在審判前把隔離扣押濫用到這種程度，不過最近瑞典也出現了這種懲戒。隔離的期限長短不一，從兩週到四週或者更久都有，也有若干拘留犯被隔離一到兩年的時間。這些拘留犯，一天二十四小時中就有二十三個小時要待在小囚室，期間有兩次為時半小時的單獨運動時間，否則只有在如廁或當餐食送到時，孤獨的狀況才得以稍微中斷。儘管犯人可以看書、讀信、聽收音機或看電視，還可以在監視之下會客，但這樣的隔離仍然經常損害精神的功能。

許多拘留犯因此變得不安、失眠、精神無法集中或記憶衰退。他們發現很難計算時間的流逝，為了分辨日夜，他們為自己設定了強迫性的作息程序。而當這些例行作息因問訊或律師的來訪而中斷，他們就顯得焦慮不堪。

此外，犯人企圖自殘或自殺的情形也很常見。一九八〇年，監獄中十件自殺成功的案例中，就有七件屬於待審的拘留犯。隔離若持續數週以上，許多拘留犯都會出現無以名狀的疲倦感。到後來，有的人幾乎對一切事情無動於衷，有的則感情失控到瘋狂的地步。這些人即使解除隔離也會出現許多症狀，例如記不住東西或無法看懂電視節目。難怪有些人在警察問訊時，常說出不正確或矛盾的說詞。許多人經過長期隔離後很害怕恢復社會關係，也不敢冒險與人深交，這類與人交往能力受損的現象可能持續長達數年。[2]

如果連短期且還算人道的隔離囚禁都會產生可怕的精神後遺症，那麼不難想像在極權政體，連最基本人權都不重視的單獨拘禁，將引發多麼悲慘的後果。勞倫斯・興克（Lawrence Hinkle）與哈洛・烏爾夫（Harold Wolff）共同發表過一篇文章，探討共產國家所採用的問訊與思想改造技巧。這篇文章我也多次引用。[3]

這篇文章說明一般程序是這樣的。首先，一個人若有違反國家法律之嫌，也就是被懷疑是政治異議分子，就會受到監視，包括他的朋友和同夥。這位嫌疑犯通常會察覺到自己被監視而開始焦慮。在收集到充分的「證據」後，國家警察著手逮捕犯人。這類人都被假定有罪，不過到底被控以何種罪名，卻從未有詳細的說明。

逮捕行動通常都在半夜進行。案情較輕的罪犯可能跟其他犯人關在一起，而這些同房犯人經常就是告密者。但是，能夠供出情報或等待公開審判的犯人會被單獨拘禁。囚房很小，通常只有一扇高於眼睛的窗戶，以免犯人看到外面的世界。房門有個窺孔，以利於觀察犯人的行動：

犯人除了吃、睡、運動或問訊，所有時間都是絕對孤獨地待在囚房。他無事可做，無書可讀，沒人可以說話。在最嚴格的管制下，他可能必須整天都以固定的姿勢站或坐在囚房裡。他在規定時間才可以睡覺，一到時間就得就寢，而且必須雙手放在毛毯外，以固定的姿勢仰躺。如果睡眠中換了姿勢，外面的守衛會把他叫醒，調整了姿勢再睡。囚房裡的燈一直亮著。睡覺時，他的臉必須面對燈光。4

囚房裡的溫度通常冷得令人不舒服，有時也可能太熱。供應的食物難以下嚥，而且幾乎無法維持營養。在處於半飢餓、睡眠剝奪、不舒服的室溫及持續不安的情況下，所有犯人都會逐漸消減抵抗力。

這種嚴密管制的前三週，多數犯人會變得極度焦慮，他們不被允許跟守衛說話，也不能跟其他囚犯接觸。他們不知道自己以後會怎樣，也不知道家人和朋友會發生什麼事。許多犯人發現這種「不確定感」，正是最嚴酷的折磨。

約四週後，多數犯人會意識到，不管是提出抗議、打探消息或苦苦哀求，都不會有結果。一般人對他們實際體驗到的東西只能靠想像，那簡直是人類最深的夢魘：完全無助地任由惡毒的迫害者掌控。我認為這是人類的基本恐懼，這種恐懼可以回溯到嬰兒時期，每個人在那個時期都得完全依賴比他強上許多的人，而且任憑擺佈。

此時，許多犯人開始變得極為憂鬱。有人糊塗地出現幻覺，有人則停止自發性的活動，不再關切外表或習慣，陷入類似憂鬱恍惚的狀態。

他們唯一感受到的人際關係就是他們與問訊者的關係，因此犯人剛開始都很樂意接受問訊，而且還會設法延長問訊的時間。但是，當犯人發現問訊者永遠都不會滿意這些「罪行」的陳述，而且在他們開始受到各種脅迫後，問訊就變成了一種折磨，而非暫時脫離孤立狀態的調劑。

犯人必須長時間站立，這不但會引來極大的痛苦，也會導致血液循環不良、腎功能衰退。雖然官方禁止嚴酷的肉體刑求，但有時仍然難以避免。犯人在飽受充滿敵意的問訊及極大的壓力後，會有一段明顯的友善鬆懈期；問訊就是靠這樣時緊時鬆的節奏進行著。

由於問訊者是犯人唯一接觸到的人，因此他們之間會建立一種關係。犯人對問訊者甚至可能心生同情，因為問訊者或許設法讓犯人相信他只是在盡職責，問訊的工作對他來說並不愉快；而且只要犯人在罪行自白書上簽名，他就可以交差，結束這不愉快的問訊。興克與烏爾夫寫道：

> 的確有犯人基於對問訊者的同情而簽下書面證詞，因為他們覺得問訊者如果沒有拿到確實的書面證詞，就會遭受懲罰。也就是說，犯人與問訊者之間產生的溫情，可能對犯人的行為有很大的影響。[5]

即使犯人對問訊者沒有實質的感情，他們最後也寧可簽下書面證詞，承認犯下共產法律中的「違反國法罪」，也不願再面對問訊、孤立和刑求。

這些逼供技術已經有多年的發展歷史，深得沙皇秘密警察法的精髓。孤立是整套程序最重要的部分。首先，孤立會瓦解部分的精神功能，其次，孤立會促使犯人依賴問訊者，進而屈從所求。

雖然受到這種待遇的犯人幾乎沒有人會拒簽自白書，但仍然有些特例。艾迪絲·波恩（Edith Bone）在《孤獨七年》一書中記載了她過人的堅忍與不屈不撓的心志。[6]

一九四九年，波恩博士在匈牙利被捕時已年逾六十，這位知名的語言學家受邀到匈牙利，把科學書籍翻譯成匈牙利文。她在一九一九年加入共產黨，接著被安上英國間諜的罪名，但是她拒絕在假自白書上簽字，或是以任何方式與問訊者合作。

這位年邁的女士坐了七年牢，最終在一九五六年十一月獲釋。這段期間，她有整整三年不得持有書籍或任何文字資訊。拘禁的囚房冷得刺骨又沒有窗戶，然後她又被關入一間完全黑暗的地窖長達五個月。地窖的牆不是淌水就是到處長黴，地板深陷在糞便之中，整個空間密不通風。

波恩博士自創了許多方法以保持神志清楚：她背誦並翻譯詩集或自己的創作，她把六種能夠流利使用的語言在腦海裡編成一套詳細的目錄，她神遊於各城市中她熟悉的街道。整個拘禁磨難的過程中，她對拘捕她的人始終嗤之以鼻，而且從不間斷地辯稱自己的清白。她不僅是無人可及的勇者楷模，也證明了一顆有內涵且自律的心靈，總能自我保全。

克里斯多弗·柏尼（Christopher Burney）在《孤獨的監禁》（*Solitary Confinement*）一書中描述了在法國被拘禁的情形。他也曾用類似方法保持正常的精神功能。[7] 除了用神遊和腦海裡的語彙鍛鍊腦力，他特別提到犯人必須自己作決定的重要性，不管這些決定多麼微不足道。即使是完全聽任拘捕者擺佈的犯人，也仍保有某些自主性，比如，他們可以決定把送來的麵包吃下去，或留待稍後再吃。犯人是否還有一絲獨立個體的意識，可能就在於他能否作出這些極為瑣碎的決定。

大體而言，納粹集中營的犯人都沒有被單獨拘禁，但兒童精神分析師布魯諾·貝特罕*還是強調保有自決能力的重要性。貝特罕曾被關在達考和布肯瓦爾德的集中營，根據他的觀察，那些屈服至死的人都早已放棄了自主的企圖，也默許拘捕者剝奪人性並施行全面控制。

為了將犯人的自主性剝奪殆盡，集中營用的方式既惡毒又徹底。然而，這套系統的成效也有差異，一個人生活的某些層面比較會受到影響，某些方面則否。但是，就剝奪犯人的自主性而言，這套系統無論對個人內在生活或外在的人際關係，都會造成嚴重的人格崩解。8

小提琴家曼紐因（Yehudi Menuhin）提出實例，說明了一顆有涵養的心靈如何刻意以記憶鍛鍊自己，以免精神崩潰。故事主角是匈牙利指揮家杜拉第的母親。二戰快結束時，德國人在布達佩斯驅逐猶太人，當時杜拉第的母親和很多人被關進一間斗室，在那裡待了很多日子，既無食物也沒有任何設備。多數人因此心神錯亂，但她卻有條不紊地

*譯注：布魯諾．貝特罕（Bruno Bettelheim，1903-90）根據戰前被關在納粹集中營的經驗，撰文描述人在極端環境之下的行為；後來專注於自閉症兒童或心理失常兒童的治療。

默背貝多芬每一首四重奏的四個聲部，以保持神志的清明。9

拘禁（尤其是單獨拘禁）之所以會造成精神崩潰，部分是由於所謂的「感覺剝奪」。人在清醒的時候，頭腦接收到外來的刺激就會有效地運作。我們與環境的關係及我們對環境的瞭解，都依賴來自感官的訊息。入睡之後，我們對外在世界的知覺大幅降低，不過，孩子哭叫等有意義的聲音仍會讓我們醒來。睡著之後，我們進入夢裡的虛妄世界，一個幻覺、主觀的世界，這個世界不依賴當時的記憶，只受制於從前的經驗、渴望、恐懼及希望。

為了研究共產國家取得口供的「洗腦」方式，一九五〇年代初，許多「感覺剝奪」的研究如火如荼地進行。自願受測者被關在隔音的黑暗房間，除了進食或如廁，都必須在床上躺著不動。在最嚴格的實驗裡，受測者被懸吊在溫水裡動也不能動，這樣皮膚與肌肉就幾乎接收不到任何訊息，視覺與聽覺也完全遭到剝奪。由於受測者都是自願參加實驗，當他們無法忍受時，還可以隨時喊停。

雖然不同的方法會導致實驗結果的差異，但仍出現了普遍的結果：

第一，心智活動退化。在受測者被要求做新的或「有創意的」工作時，這種情形尤其明顯。許多人表示無法集中精神，思想無法連貫；有些人苦於無法控制某些縈繞不去的心思，有些人則索性放棄連貫性的思考，聽任自己作白日夢。

第二，暗示的感應性劇增。在一項實驗裡，受測者對宣傳的接納程度，是正常狀況下對同一種宣傳的感受力的八倍。當一個人幾乎接收不到任何資訊，他所能夠接收到的那丁點訊息就產生了強烈的影響——所有控制新聞的集權政體都深諳這個道理。

第三，許多受測者都有幻視的現象，有的出現幻聽或幻觸。

第四，許多受測者都出現恐慌心態。比如內心生出莫名的恐懼，害怕會變瞎，或擔心實驗者已經棄他們於不顧。有一位受測者滿腦子都是兒時不愉快的記憶，以致於無法再忍受實驗——可見，即使是自願的孤立也未必是可以忍受的。

當時，普林斯頓大學號召校內學生進行某些大規模的感覺剝奪研究，但暑假期間，大部分學生都不在學校，於是校方只好在其他有暑修課程的大學校園中徵求自願者，結果並不成功。普林斯頓大學學生以外的受測者雖然可以收取鐘點費，但幾乎所有人都要求提前中止這種感覺剝奪的狀態。普林斯頓的學生認識並信任主導研究的實驗者，但外來的受測者卻沒有這種信心。

最後一點值得重視。它具體說明了同樣的孤立狀態或感覺剝奪，也會因環境差異而造成不同的影響。

某些疾病或傷害在治療的過程中，一旦感覺的輸入量降低，就可能引發嚴重的精神壓力。以嚴重灼傷的病人為例，這類病人在治療期間必須固定不動，繃帶包紮的範圍很大，有時連眼睛都得包住。這種狀況下，病人身體上的需求不得不完全依賴護理人員，因此引發精神病的傾向時有耳聞。

大家都知道，眼部手術容易引發精神症狀，尤其雙眼被矇住或視網膜剝離手術之後，病人必須固定不動時，這些症狀更為常見。動心臟手術的病人有時也必須長時間固定不動、依賴別人；而且身上連接著維生機器，氧氣罩更進一步切斷了正常的感覺輸入。這種情況下，病人難免出現神志不清的狀態。

一般認為盲與聾最容易導致精神疾病。耳聾尤其容易引發妄想，病人覺得自己被人議論，被人看不起或被欺騙。不過，這種片面的感覺剝奪也會迫使人向內省視，可能產生類似柏德少將（參閱第三章）所描述的那種正面作用。

貝多芬的聽覺障礙始於他二十六歲，過了一段時間他才開始嚴重耳聾，不過這段期間他仍然繼續公開演奏，困難地持續到了一八一四年。一八一六年他開始使用助聽擴音器。《談話手冊》就是開始於一八一八年訪客與他筆談的內容。

貝多芬一直擔心自己的聽力和整體健康，他把這些憂苦都表露在給朋友的信函及一八○二年著名的《海利根施塔特遺書》之中。這份遺書是寫給他兄弟的，在他逝世後才在文件中被發現。

站在我身邊的人聽得到遠處的長笛聲，我卻聽不到；有人聽到牧羊人在唱歌，我也聽不到。真是屈辱！這種事幾乎把我逼入絕望之地，我差點就要結束自己的生命。是我的藝術阻止我這麼做的。[10]

貝多芬的耳聾使他無法信任別人、性情暴躁，也更難與人親近。然而，有位貝多芬的傳記作者卻這樣說：

但我們或許可以說，耳聾在他的創作上扮演了一個正面的角色，因為我們知道耳聾不但沒有減損他的作曲能力，反而使之提昇。或許由於他再也不能用精湛的鋼琴演奏發揮創作力，也或許在一個逐漸隔離聲音的世界，他更能全心全意的作曲。在耳聾的世界，貝多芬可以試驗各種新的感受，而不受外在環境聲音干擾，不受制於刻板物質世界。他可以像作夢的人一樣隨心所欲把各種事實組合再組合，使之成為前人作夢也沒想到的新形式或新構造。[11]

我們將在第十一章討論貝多芬後期的某些嘗試。

另一位創作天才，西班牙畫家哥雅（Francisco Goya y Lucientes）的藝術創意也大半歸功於耳聾。哥雅出生於一七四六年，他曾擔任宮廷畫師及馬德里皇家美術學院副院長，是當時最受歡迎、最有成就的藝術家。但是他在一七九二年患病之後就聾了，從此他的繪畫從人像轉為不同類型的作品，他的創作與幻想都有了更大的空間。

這類作品先是諷刺性的蝕刻版畫《隨想集》，繼之以《戰爭的災禍》，反映了拿破崙入侵的恐怖。一八二〇到二三年間，他在稱為「聾者之家」的自家牆上飾以所謂的「黑色繪畫」，目前這些畫作被收藏在普拉多美術館。

法國作家兼評論家安德烈．馬侯（André Malraux）寫道：「為了認清自己的天才，他必須放棄取悅人的念頭。耳聾切斷了他與其他人的關係之後，他發現了旁觀者的脆弱，瞭解到畫家只需要跟自己搏鬥，也遲早會征服一切。」[12]

哥雅擁有恐怖的想像力。耳聾使他孤立，並驅使他用強烈的風格描繪出夢魘的情景、對人類愚蠢與邪惡的絕望、對暴政的痛恨，以及對苦難的憐憫。他以一幅駭人畫作《農神吞食自己的孩子》來裝飾飯廳的牆面。我們很難瞭解一個充滿恐怖念頭的人如何獨自度日，但哥雅的強韌無人能出其右。他八十二歲時寫道，他既不能看，也不能寫，又不能聽，「除了意志，我一無所有——而我的意志力非常豐沛。」[13]

一個病人或支領費用的自願受測者在片面的感覺剝奪下，都很容易質疑自己託付的醫護人員或實驗者是否值得信任，何況是敵人強加在自己身上的孤獨狀態？那經常會造成毀滅性的後果。極度焦慮、對未來不確定，加上對刑求的恐懼及破壞正常心態的孤立狀態，這種種傷害所產生的影響往往會持續上數個月或數年。

在北愛爾蘭自治區，軍方對有嫌疑的恐怖份子進行問訊時，會有計畫地運用感覺剝奪的技巧。程序如下：問訊以外的時間，拘留犯的頭部會被矇上黑色厚頭套，置身於持續單調的噪音下，而且音量大到讓他們無法與其他拘留犯交談。他們必須雙腿分開，面壁站立，用指尖撐著牆壁。在剛開始收押的幾天，他們不准睡覺，每六小時只提供一片麵包和一品脫水，沒有其他食物或飲水。如果他們忍不住用頭靠著牆壁休息，就會馬上被制止，而一旦衰弱得倒下，也會被抬起來，被迫回到原先的姿勢。

在進行感覺剝奪研究時，如果使用既隔音又避光的房間將所費不貲，但北愛爾蘭自治區用上了極其有效的取代手法。他們用頭套遮斷了所有視覺訊息，用機器使犯人除了喧鬧單調的噪音之外，接收不到任何訊息；至於指尖撐壁的姿勢，則降低了來自皮膚與肌肉的運動訊息。就這樣，拘留犯雖然與他人同房受苦，卻形同孤立，知覺完全被剝奪。

這種影響讓人心力交瘁。半飢餓的狀態導致體重急速下降，就算沒有聽覺和視覺剝奪，睡眠剝奪及不舒服的姿勢也足以造成極大壓力，破壞部分的腦功能。有些人雖可以短暫進食飲水或如廁，但也必須連續面壁十五、六個小時。多數人都出現了幻覺，寧死也不願再面對問訊。

這些人脫離被剝奪的狀況之後接受了精神診察，顯示他們身上出現了永久性的症狀，包括做惡夢、緊張焦慮、有自殺念頭、憂鬱沮喪、頭疼或消化性潰瘍等多種壓力相關疾病。精神科醫師認為，被矇上頭套的人至少有部分是永遠無法從可怕經驗中恢復過來的。

很久之後，當這些問訊過程被媒體披露，抗議之聲從四面八方傳來，眾人無不對英國用這種刑求方式迫使拘留犯招供感到震驚。這方法似乎沒有經過官方認可。最後，愛德華・希思首相下令，問訊犯人或嫌疑犯，不得再使用上述方法。

在英國或其他國家，長期徒刑犯雖然很少長期被單獨拘禁，但的確被剝奪了大部分代表生活意義的外來刺激，廣義而言，長期徒刑可說是一種強制性的感覺剝奪。監獄的單調環境、運動和戶外活動的限制、一成不變的作息、社交和性的缺乏……這些因素對長期徒刑的犯人都會造成永久的心靈創傷。

直到最近，無期徒刑演進為犯人可以在監禁最高年限九或十年後被假釋，因為當局瞭解到，更長的監禁期有可能會使得犯人獲釋之後無法應付外界的生活。在英國，被判無期徒刑的犯人隨時可以出獄，但直到死亡為止，將一直處於假釋狀態。也就是說，在他的餘生，當局如果認為有必要，可以再度把他收監。

今天，許多法官在判決強姦犯或殺人犯等重大罪犯時，都會建議二十年或更長的監禁期。這些建議無不被嚴謹看待，因為一旦付諸實行，就表示將來會有更多的罪犯在獲釋之後無法適應社會生活。

對外來刺激的剝奪，在那些要求「最高度防衛措施」的監獄裡尤其嚴重，因為那裡關押的都是被視為危險或有逃亡之虞的犯人。這些犯人當然也最可能服長期徒刑。雖然有些犯人如「阿爾克綽茲的鳥人」*在服過很長時間的徒刑之後，身心依然完好如初，但健康惡化和可能性的精神官能症還是很普遍的後遺症。長期徒刑的犯人會變得畏怯、木然，對自己的外表或周遭漠不關心。

斯坦利・柯恩（Stanley Cohen）與羅瑞・泰勒（Laurie Taylor）曾深入研究達拉謨監獄中高度防衛體系之下的長期徒刑犯（所幸該監獄現已廢除），並合著《心理劫後餘生》一書，對這些嚴密措施造成的影響有清晰的見解。

這兩位作者每週都到監獄拜訪，為長期徒刑的罪犯講授社會科學。入獄不久的受刑人對這些課程相當感興趣，但服刑多年的犯人則幾乎沒人來參加。不過，有一位已服刑

*譯注：阿爾克綽茲（Alcatraz）是舊金山灣內的岩石島，而在一九三三至六三年間，它是一座聯邦監獄。這座監獄專門監禁危險的刑犯，俗名「岩石」，現在已改建為遊樂區。

十四年的犯人定期來上課，他寫信給兩位作者：

你能想像終生坐牢是什麼樣子嗎？你的美夢變成惡夢，城堡化為灰燼。你所想的都只是空想，最後你變得背離現實，活在一個變形的虛構世界。你拒絕接受世俗規範；自設標準以符合自己的小世界。在這個「終生」世界，沒有光明，只有黑暗，而就在這種黑暗中，我們找到平靜，而且能夠生存於自我的世界，一個虛構的世界。[14]

這些例子證明了人在隔離日常刺激之後，很可能因為環境的差異而出現正面療效或負面的破壞效果，至於這種隔離是強制性或是自願的，則是決定正面或負面效果的關鍵因素。隔離時間的長短也很重要，如果一個人長時間無法過上普通人的生活，無論是否被強制，都可能造成永久損害。

然而，拘禁的環境差異很大。過往的拘禁環境並不像今日那麼嚴酷，因此不少例子也說明了片面的孤獨或遠離正常生活的人，即使身繫囹圄，也可能有機會進行創作。

羅馬哲學家波愛修斯（Boethius）是東哥德國王狄奧多里的執政官，這個重要職位得以主掌政府和宮廷事務，因此他幾乎沒時間從事自己最愛的哲學研究。不過，狄奧多里對波愛修斯的信任並不持久。波愛修斯以叛國罪被捕之後，他被流放並等待行刑。在帕維亞的拘禁期間，他完成了垂名青史的《哲學的慰藉》，但不久竟遭到嚴刑拷問，棒打至死。

《烏托邦》作者托馬斯．摩爾（Thomas More）從一五二九年開始擔任英王亨利八世的大法官，但由於他認可教皇的至高權力，而不承認英王為英國國教之主，最後被關進倫敦塔。摩爾被拘禁一年多，直到一五三五年被審判處死，期間他寫下了《紓解憂苦之對話》，成為一本充滿基督教智慧的傑作。

探險家饒列爵士（Walter Raleigh）被控以叛國罪並判處死刑，結果死刑延緩執行，因此在一六〇三至一六一六年間被關在倫敦塔。就像摩爾一樣，我們可以推測這種拘禁環境不至於太嚴苛，因為饒列在這幾年間還能從事《世界史》的寫作。這本書從天地創生寫到西元前二世紀，於一六一四年出版。獲釋之後，他投入了圭亞那的二度長征，不幸功敗垂成，沒有淘到該有的黃金。饒列被延緩的死刑再次生效，於一六一八年執行。

約翰．班揚（John Bunyan）在一六五五年加入「貝德福獨立教會」，順利宣揚非國教的信仰，直到一六六〇年查理二世復辟。這年十一月，他被控告主持違反英國國教的禮拜式，隔年在巡迴審判庭中被交付貝德福郡的監獄，在那裡待到一六七二年。不過，這個拘禁環境給予他充分的自由，他不但可以探望朋友家人，偶爾還能傳教。

在十二年的監禁期間，他完成心靈自傳《豐富的恩典》，另一本書《天路歷程》也幾近定稿。查理二世頒布的《非國教信徒信仰自由之宣言》雖然讓班揚得以獲釋，但這項法令隨即撤銷，因此他在一六七七年又以非法傳教的罪名再度入獄。

一八四九年聖誕節，俄國作家杜斯妥也夫斯基從聖彼得堡出發，長途跋涉前往西伯利亞，其後四年都待在那裡的勞工營。他因為參與彼得拉謝斯基小組的集會而在一八四九年被捕，在彼得保羅堡的監獄關了八個月。一開始他被單獨拘禁，不准持有書籍或任何文字資料。儘管如此，他發現自己擁有的內在力量讓他比預期更能忍受監禁生活，而他的被拘捕，則正好使他免於崩潰；其實早在前年冬天他參與地下革命組織時，心靈就備受折磨，精神也幾乎被拖垮。

後來，當杜斯妥也夫斯基可以借閱獄內的圖書，他得以全心投入閱讀。他寫信給哥哥米蓋，宣稱他已經構想出三篇故事和兩部小說。接著就是十二月發生在西蒙諾夫斯基廣場的死刑兒戲。當時杜斯妥也夫斯基眼看著就要被槍決，卻在最後一分鐘接到緩刑令。在西伯利亞期間，杜斯妥也夫斯基唯一的文學活動就是偷偷筆記下囚友的言詞或語句，並設法把這些筆記交給醫護人員。在他獲釋後，這些筆記又回到他手上。這份筆記最終成為《死屋手記》的素材，深刻描寫了身陷勞工營的經歷。

這是個恐怖經驗，不僅由於囚房駭人聽聞的物質條件及長期處於笞打威脅的生活，也由於杜斯妥也夫斯基發現自己的「紳士風度」完全不見容於粗鄙的佃農囚友，他卻曾經支持這些同囚的運動，並因此被視為有嫌疑的革命分子，遭受流放和拘禁。拘禁期間，他的想法有了轉變，他對農民階級原已不抱任何幻想，此時卻對他們善良的本質有著幾近神秘的信仰。

這段心路歷程主要來自一段無意識的回憶，他憶起兒時有一次受到驚嚇，父親的一位農奴馬瑞曾設法安撫他。在勞工營裡永遠無法獨處，這雖讓杜斯妥也夫斯基深以為苦，但感情上的孤立及同伴的闕如，迫使他轉而內省自察，並得以神遊於過去的情境。

在勞工營的整整四年，他一直在作無意識聯想。這種方法可能與精神分析或藥物治療的效果一樣，可以宣洩被壓抑的記憶，從而除去精神上的障礙及不正常的情結。此外，這種無意識的聯想也使他在不准寫字的情況下，保住了他的藝術才華。15

杜斯妥也夫斯基這段苦役經驗始終影響著他對人性的看法，也滲透在他的小說裡。犯人在遭受多年無情的壓榨後，常常突然間以暴力和非理性方式挺身維護自己的人格。親眼見到這種情形，使他覺得自我表達或自我瞭解是人類的基本需求，這個需求與社會主義的理念——個人必須服從國家——並不相容。

另外還有一些較不令人激賞的實例，也證明了文學的成就因為拘禁而提升。法國頗受爭議的小說家薩德侯爵＊一生數度出入牢獄，最後被送入夏亨頓精神病院，七十四歲逝世。拘禁期間，他發揮了變態的想像力，包括《茱斯蒂娜》和《索多瑪一百二十天》等作品，都歸功於范仙監獄和巴士底監獄的生活。

薩德對絕對權力的迷戀恰與希特勒的著作相呼應，後者也部分歸功於拘禁。慕尼黑政變失敗後，希特勒被監禁在蘭斯堡監獄。雖然被判五年徒刑，但他坐牢的時間不到九個月，還被奉為上賓。就是這段期間，他開始向赫斯（Rudolf Hess）口述《我的奮鬥》一書。「如果我沒有被拘禁，」很久之後希特勒說，「永遠也不會有《我的奮鬥》這本書。那段時間讓我有機會深思當時還只是直覺的各種觀念。」[16]

與本章多數例子大相逕庭的實例偶有所聞，在在證明了即使是被敵人強制執行的單獨拘禁，也可能產生永久而珍貴的心理經驗。

文化大革命期間，在中國被單獨拘禁的安東尼・格雷（Anthony Grey）及在西班牙有類似囚禁經驗的亞瑟・凱斯特勒（Arthur Koestler）曾上電視分享他們的經歷，內容收錄在凱斯特勒的散文集《萬花筒》。他們都慶幸自己不必與人共處一室，也認為孤獨促進了他們對人類的瞭解與同情。他們強烈感到有某種**更高超的真實存在**，是孤獨使得他們接觸到這種存在，但這些經驗實在無法用文字表達。雖然他們都沒有宗教信仰，但的確感知到某種抽象的東西。

格雷認為，這種經驗使他對日常生活有了新的理解，凱斯特勒同意這點。此外，他對潛伏表面之下的恐怖也多了一番認識。凱斯特勒談到一種**內心自由**的感受：「感覺自己正獨處且面對著終極的現實，而不是面對銀行的定期報告——你的銀行報告及其他瑣事也是一種監禁。孤獨不是發生在實際的空間，而是在精神層面……你就這樣與存在本身對談，與生命對談，與死亡對談。」

雖然這是多數人不曾進入的領域，但凱斯特勒堅稱每個人偶爾都會有這種體驗，比如「當他們病重、喪父或喪母，或者初戀時。此時，他們都會從我所謂的平凡面轉到悲劇面或某種絕對的層面。在這類大家共通的經驗裡，人會一再長時間地身歷其境。」[17]

所以，惡偶爾也會生出善。格雷記得有一位中國友人曾給他看過一幅畫，那是一朵出淤泥而不染的美麗蓮花。人類的靈魂並非堅不可摧，但某些勇者卻發現，當他們身處地獄，才得以瞥見天堂。

＊譯注：薩德侯爵（Marquis de Sade，1740-1814），「性虐待狂」（sadism）一詞即出自其名。

第五章

想像力的渴望

閣下，若是沒有了想像力，那麼一個男人在女侍的懷裡，就不會覺得像在公爵夫人懷裡那般快樂了。*

——撒繆耳·約翰生（Samuel Johnson），英國文學家及辭典編纂者

我們已經知道，**獨處的能力是一種寶貴的資源，它能使人接觸到最深層的情感**。它能讓你在喪親時節哀順變，釐清思路，改變態度。有時即使是強制性的隔離拘禁，也可能助長創作的想像力。

人類的想像力比起其他動物來說，堪稱是高度的發展。雖然動物都會作夢，次人類的靈長類也有某些發明能力，但是人類想像力的範圍還是遠超出最機靈的類人猿。顯然，人類想像力的發展具有生物學上的適應性，但為了這種發展，我們必須付出代價。想像力賦予人類適應性，卻讓人失去了滿足感。

進化階段低於人類的動物，它們的行為主要是受到預設模式的支配。有些模式，比如園丁鳥的誇耀行為*或胡蜂的獵食習慣，都顯得美妙又精緻。這類動物只要依循古老的模式就能適應環境，只要環境不變，生存和繁殖的基本需求會以一種幾近自主的方式源源不絕。以擬人化的觀點來說，這類動物稱得上「幸福」。但是當有朝一日環境改變，行為受制於預設模式的動物就會陷於不利的狀況，因為它們不容易適應新環境。

人類可就柔韌多了，因為人類行為主要依靠學習和一代代的文化傳遞。雖然嬰兒為

*譯注：園丁鳥科產於澳洲和新幾內亞一帶，雄鳥會用草和樹枝等材料築成園亭狀的巢，吸引雌鳥。

了生存會產生某些本能的反應，但是後天的大量學習卻絕少取決於固有本能，反而成為人類行為的最大特色。這個特色使人類無論是在赤道或兩極等極端氣候，或在幾乎沒有物資的地方都得以生存。人類甚至設法離開地球，刻意學習如何長時間生存於太空中。這些環境都要求人類運用發明的才能與技巧。要獲取生活的基本需求，智力和想像力若沒有超越固有模式，就無法確保生存。

但是，為了這種柔韌性或適應性，也就是為了掙脫刻板固有的行為模式，人類必須付出的代價是：**只能短暫享有幸福**。「幸福」的意思是：與環境契合，或需求能夠完全被滿足。雅典的聖賢梭倫（Solon）說：「一個人在死亡之前，都不能稱之為幸福。」當一個人戀愛了，或有了新發現而像阿基米德那樣喊著「我找到了！」，或是出現像華滋華斯所描述「驚喜」的超自然感情時，他會產生一種天人合一的幸福感。但是，每個人都知道這種感受轉瞬即逝。

我在前一本著作提到，對現狀的不滿，或說「天賜的不滿足感」，是人類不可避免的心態。誠如撒繆爾．約翰生（Samuel Johnson）所說的，「現在」消逝得太快了，快得我們無暇思考，只能以過去或未來的觀點來衡量。他在《拉色雷斯的故事》（*The History of Rasselas*）中，對金字塔的建造動機作了以下推測：

金字塔內部空間的狹窄，證明了敵人來襲時絕不會有撤退的餘地，因此，那些寶物根本不用大費周章地貯藏，也同樣的安全。建造金字塔似乎只是順應想像力的渴望，這種渴望使得生活苦惱不已，總要有某件樂事才能排遣。已經享有一切的人，必然會有更大的欲望。[1]

約翰生所謂「想像力的渴望」，正是人類適應行為中不可或缺的一環。人類會進化為優秀的物種，就源於這種不滿足的心態，而**不滿足，才能迫使他運用想像力**。

乍看下，我剛說的是一些例外。在這個世界上某些地方，仍然存在著數世紀以來從未改變傳統生活方式的小聚落，我們無法瞭解這些聚落成員內心的想像世界，也就不可能知道這些人到底有多麼不滿足。但是，即使是最能適應的人，也都會想像一個沒有危險、不再辛勞的天堂。

可悲的是，這些族群的處境永遠都很危險，因為他們就像受制於固定行為模式的動物，很難適應西方文明的衝擊。西方人固然以殘酷的手法對待澳洲土著、南北美洲的印地安人、非洲和印度居民，但面對不斷湧入的西方文化，即使沒有蓄意施行的隔離或滅種手段，這些傳統族群也免不了被淘汰的命運。

因此，不滿足可以說是具有適應性，這種心態促進了想像力的發揮，從而刺激人類進一步克服並掌握環境。這種說法似乎符合了佛洛伊德對幻想的概念，他在〈創造性作家與白日夢〉一文中說：「我們可以斷言，一個幸福的人從來不幻想，只有不滿足的人才會。幻想的原動力正是未曾被滿足的願望，一個幻想就是一個願望的滿足。每幻想一次，就是對一個不滿意的事實進行一次修正。」[2]

然而，依據佛洛伊德的幻想觀，幻想純粹是一種逃避現實的行為，而非如我所言，是把現實轉向一個恰當方向的預備手段。佛洛伊德認為幻想源於遊戲，而幻想與遊戲這兩種活動不僅與童年有關，也是一種拒絕接受現實的行為：「當小孩長大後不再遊戲，他失去的只是與現實中具體對象的聯繫而已；長大的兒童不遊戲，而是幻想。他會建起空中樓閣，創造所謂的白日夢。」[3]

佛洛伊德相信嬰兒最初都受制於享樂原則，也就是避免痛苦並獲取歡樂的本能。當溫飽或舒適的需求妨礙了嬰兒的安眠，他的需求就會以幻覺浮現出來。

> 嬰兒所想的（或所希望的）物事，就是以幻覺的形式出現，就和我們現在每晚以夢思形式出現一樣。只有在預期的滿足沒有出現或變得失望之後，才可能以幻覺方式放棄滿足感的追求。為了取代這種方式，精神器官必須發展出一種「外在世界的現實環境」的概念。精神功能的一種新原則（現實原則）於焉產生：出現在心裡的，不再是合

意的物事，而是真實的物事。這個「現實原則」的建立是極重要的一個步驟。[4]

佛洛伊德認為，享樂原則遲早逐漸被現實原則取代。由於任何心智內容都不可能完全消失，因此享樂原則的痕跡仍有殘留，不僅出現在夢裡，也出現在遊戲中。而誠如上文所說的，佛洛伊德認為，長大後的幻想形式都源自遊戲。

佛洛伊德似乎認定這個現實世界能夠、也應該使人得到完全的滿足，而理想上，一個成熟的人應該能夠徹底放棄幻想。佛洛伊德這個人太過實際、冷靜又悲觀，不相信這個理想終能達成。不過，他的確認為，隨著人逐漸成熟，逐漸能理性適應外在世界，幻想就變得越來越不必要。

在佛洛伊德的觀念中，幻想與幻覺、作夢、遊戲互有聯繫，這些精神活動都是逃避現實的行為，而且都決定於嬰兒期的精神功能——他名之為「初級過程」，並受制於享樂原則，而非現實原則。

依照佛洛伊德道學式的觀點，只要細心思考和理性規畫，就可以確切並成熟地適應這個世界。他一定不會贊同以下說法：內在的幻想世界是人類與生俱來的，而這個內在世界與外在世界不可避免的矛盾，正是驅使人類去發明和想像的動力。

不過，佛洛伊德的個人成就倒可證明上述這段話。在他八十三歲臨死前開始修正看法。雖然他相信他已經確立了精神分析的基本原則，但也承認這樣的構想並不周全。佛洛伊德就像每一位傑出的創作家、藝術家或科學家那樣，不會因為既得的名譽而自滿。他所想像的精神分析與這門學問的實際面貌之間，有一道無法跨越的鴻溝。

假定我們與佛洛伊德不同，認定內在的想像世界是人類與生俱來，而且人類是因為有這種內在世界，才得以進化為成功的物種，那麼，我們就不該像佛洛伊德建議的那樣，只是設法以理智取代幻想，而應該要**運用幻想的能力，為內在的想像世界與外在世界搭起橋樑**。這兩個世界永遠也不會完全相合，一如生命過程受制於固有行為模式的動物世界，但這並不遺憾，因為如果我們的能力沒有超越我們所支配的範圍，我們就不會成為人類了。

人類如果缺乏幻想的能力，不僅無法想像一種更好的物質生活，宗教、音樂、文學和繪畫也將付諸闕如。誠如哥雅說的：「幻想如果背離了理性，就會創造出四不像的怪物，但若能與理性相結合，將成為藝術之母，也是藝術奇蹟之源。」[5]

甚至在科學領域，也比佛洛伊德所以為的更要依賴幻想。許多科學假說都源於想像的遐思，起初似乎誇張不實，最後卻能被嚴格地驗證。

牛頓所發現的「萬有引力」概念，一開始只是某個突然閃過腦際的想像，在他能用數學方法證明之前，一直顯得很荒謬。現代有機化學之父凱庫列（F. A. von Kekulé）發現了有機分子的環狀結構，這項成就源於一個如夢的幻象：各個原子先結合成鏈，然後像蛇自咬尾巴一樣盤繞成環狀。愛因斯坦提出特殊相對論，也是由於他想像出一個人以幾近光速的速度行進時，宇宙所呈現的面貌。因此，幻想雖出自於想像，但只要設法解釋並使之可被理解，就能與外在的世界連結。

有些形塑科學假說的幻想由於無法與外在世界連結，最後成為必須拋棄的妄想。比如說，整個十八世紀對燃燒的標準解釋都是「燃素理論」。當時的人認為燃素（phlogiston）這種引發燃燒的物質元素是一種極輕的流體，在東西燃燒時會釋出燃素。不過，最後證實燃素根本純屬想像，世上並無這樣的東西。

由此可知，在科學領域有兩種幻想。第一種可以觸及外在世界，而且外在世界可以呼應它的實際運作，兩者得以連結，幻想也變成開花結果的假說。第二種幻想與外在世界缺乏聯繫，最終以妄想見棄。

這兩種幻想，也可見於藝術領域。大文豪如托爾斯泰喜歡運用想像力來說故事，創造一些不僅深深感動讀者，甚且永垂不朽的人物。這類作家的幻想都與外在現實相通，向讀者闡釋現實的各種面向。至於有些作家的幻想，或許只能以「驚悚小說」或「浪漫小說」的面貌出現，但因為幾乎與現實世界無關，最後成為一種逃避現實的方式。

在〈闡述精神功能的兩種原則〉一文中，佛洛伊德的看法似乎與我的說法有部分相符，他說：

> 藝術以一種奇特方式使享樂原則與現實原則和諧共存。藝術家原是逃離現實的人，因為無法順應現實而克制自己對本能滿足的追求；他原本放任自己的性慾與野心馳騁於幻想世界。然而，他找到了從幻想世界回到現實的管道，因為他利用特有的天賦，把這些幻想堆砌成一種新的真相，而人類非常珍視這些反映現實的真相。藝術家就這樣以某種形式成為英雄、國王、創造者，或他想要的任何角色，不必依循外在世界既長且迂迴的調適之路。不過，他能有這種成就，正因其他人和他一樣不滿現實所要求的自我克制，也因為那種不滿——這是現實原則取代享樂原則的結果——本身就是現實的一部分。[6]

這段文字出現了明顯的混淆，因為佛洛伊德無法放棄他的看法，也就是成熟的成年人應該用冷靜且理性的思考取代幻想。當佛洛伊德說到藝術家把幻想堆砌成「一種新的真相」，他就承認了幻想並不全然是尋求願望滿足的逃避行為。不過他並沒有就這點深究到底。如果他這麼做，結論一定是：雖然某些幻想是逃避行為，有些卻預示著適應外界現實的嶄新且有效的方式。

基於生物學理由，我們可以說，**人類生來具有一種內在的想像世界**，這個世界與外在的現實世界有所關聯，卻大不相同。**而能夠激發創作想像力的，正是兩個世界之間的矛盾**。瞭解自己創作潛能的人，永遠都能跨越內在與外在的差距。他們使外在世界充滿意義，因為他們既不否認外在的客觀性，也不否認自己的主觀性。

當我們觀察遊戲中的孩子，很容易能發現內在與外在世界的交互作用。孩子雖然使用外在世界的真實對象（或物品），但是卻把源於想像世界的意義加之於這些對象或物品的身上。這個過程開始得很早，許多嬰兒都對特定的對象產生了強烈的依附。

溫尼考特是第一位重視這種現象的精神分析師，他在《過渡性客體與過渡的現象》[7]一文中強調了這種依附的重要。這些現象與獨立的萌芽階段及獨處的能力，都有極密切的關聯。

根據溫尼考特的說法，嬰兒開始對外在對象表示依附的年齡雖不太一定，但約略可追溯自嬰兒四個月大的時候。起初，嬰兒都是用大姆指或拳頭作為慰藉，過一段時間他們可能改用一條毯子、小毛巾或手帕。對孩子來說，某條特定的毯子、絨被或後來的娃娃、玩具熊，都可能變得很重要，尤其他準備睡覺時更是不可或缺。這個物品（客體）變成防止焦慮的自衛用品，某種程度可以代替母親的乳房作為慰藉，或者代替母親本身──一個讓他有安全感的依附人物。這些物品幾乎隨時得放在嬰兒身邊，有時甚至比母親本人重要。

溫尼考特之所以把這些物品稱為「過渡性客體」，是因為它們代表了孩子改變依附對象的轉型階段。孩子先是依附母親，經過這段中間期，才會開始去愛或依賴其他人。溫尼考特認為，這些物品是內在想像世界與外在世界之間的媒介。毯子、娃娃或玩具熊都是一種實際對象，而且是與孩子本身有區別的另一個獨立體，不過這個對象同時也注入了許多屬於孩子內心世界的主觀情感。從內在到外在的過程，也許可說是孩子的第一個創作行為。

溫尼考特提出了一個重要論點，亦即，運用過渡性客體並非一種異常行為。這些客體提供了安全感與舒適感，成為母親的替代品，但孩子也不會因為感覺母親無法提供慰藉，就把這些客體發揚光大。過渡性客體只有在嬰兒能注入鼓勵或關愛之情時才會存在，而除非嬰兒感受過鼓勵和關愛之情，否則他不會做出同樣的事。母親在孩子心中投射出良好形象之後，孩子才會把好的感受投射在一個過渡性客體身上。因此，能夠對過渡性客體產生依附，表示孩子的心理健康，而非匱乏。

這就像獨處的能力，**能夠獨處，就表示內心有安全感，並非一種孤僻的行為**。在孤兒院等社會機構長大的孩子就是這種論點的最佳佐證：他們無法對人產生依附，所以也很少依附懷裡的玩具。[8]

此外，對周圍的玩具或物品最感興趣的，一定是心裡有安全感的嬰兒。前文提到獨立的摸索是有安全感的嬰兒才擁有的特徵，而不安地糾纏著母親，表示嬰兒缺乏安全的依附感。

過渡性客體的運用，意味著想像力的積極功能發展得很早。本書序言中提到，人性有兩種對立的驅策力：一種力量驅使你去接近他人，另一種則驅使你獨立並自給自足。出現過渡性客體，不就是後者的首要步驟嗎？因為孩子會使用這種對象，表示即使母親不在身邊，他也能暫時獨處。因此，過渡性客體與獨處能力，以及想像力的發揮，可能都有關聯。

過渡性客體的存在也佐證了上述說法——人類既能與他人發生關係，也可以觸及與人無涉的領域。嬰兒會對物品投注意義，這種人生極早期的現象，證明了人並非只為愛而生。依附在過渡性客體的這個意義，後來也延伸到科學研究領域，成為外在世界吸引成人關注的任何事物。

隨著孩子長大，過渡性客體逐漸失去了感情上的效用。這些對象經常與其他對象結合，出現在遊戲中。例如，孩子常把掃帚柄當作馬騎，把扶椅當成一棟房子。再過一段時期，公開的遊戲就會被幻想取代，而幻想並不需要以外在對象來促進想像的流動。

佛洛伊德把遊戲和幻想連結起來是對的，但他認為應該摒棄遊戲與幻想而執著於理性，就不正確了。

瞭解自己創作潛能的人，永遠都能跨越內在與外在世界的差距，這個論點不僅適用於藝術創作或科學假說，也適用於溫尼考特貼切定名的「創造的統覺」＊。主觀性與客觀性結合，以想像力溫暖的色彩來渲染外在世界，才有創造的統覺可言。溫尼考特說：「創造的統覺比任何事物更能使一個人覺得人生值得過下去。」9

創作的生活似乎總存在著一種遊戲成分。當這個成分消失，歡樂也會隨之而去，創作感也不復存在。創作者並非不常處在絕望期，而這段期間的創新能力似乎一去不回頭。這種情形之所以常見，是因為某件作品已經被注入無比的重要性，以致於無法再以遊戲看待。吉朋所謂「作家的虛榮心」有時會使他們以異常嚴肅的態度對待作品，因此不可能還抱著玩樂心態。前文提到，一個幻象讓凱庫列發現了有機分子的環狀結構，在他描述幻象時是這麼呼籲的：「各位先生，讓我們學著作夢吧！」其實他大可以說：「讓我們學著遊戲吧。」

過分強調主觀，會使一個人的內在世界完全脫離現實，這種情形稱為瘋狂。另一方面，一個人太過壓抑內在世界，就變得太屈從於外在的現實；如果一個人認為外在世界只是他必須適應的某種東西，而不是可以滿足他的主觀性，那麼他的個性就會蕩然無存，人生也變得毫無意義或徒勞無功。

內在的幻想世界必須被視為生物遺傳的一部分。即使一個最能夠適應且幸福的人，也都具備活躍的想像力；但是，內在與外在世界的差距，以及跨越差距的難易程度，則因人而有極大的差異。關於其中的某些差異，容待後文細究。

＊譯注：統覺（apperception）為心理學名詞，指新舊觀念互相融合的過程，即新來的觀念受到既存觀念之化合，也稱類化。

第六章

個體性的重要

生活中沒有孤獨感交錯著的人，永遠不能展現知性的能力。*

——托馬斯·德·昆西（Thomas Quincey），英國散文家及批評家

每個人都有內在的幻想世界，而這些幻想也會以無數方式表現出來。一個人參加比賽或觀賞電視足球賽，表示他正放任幻想縱情馳騁，只不過，他可能並沒有在創作或製造些什麼。

嗜好與興趣最能夠清楚地解釋一個人的個性，也可以表明他是個怎樣的人。發現一個人真正的興趣所在，就約略可以瞭解這個人。那些諸如團體遊戲之類的興趣，有時必須與他人互動才行，但其他的興趣，卻經常可以反映一個人在獨處或與他人最低限度溝通與互動時，都會做些什麼事。

在英國，每逢週末，大小河畔及運河兩岸總可以見到成排釣魚的人，他們小心地保持距離，極少交談。這純粹是一種孤獨的消遣，彼此幾乎沒什麼互動。因此，這種時刻的幻想必定特別活躍。同樣的情形也見於園藝及許多興趣，這些興趣無論是否具有創造性，都佔據了那些已無溫飽之虞者的休閒時光。

每個人都既需要擁有興趣，也需要人際關係，當我們給一個人定位並解釋他的人生意義時，興趣與關係都是重要的參考依據。

鮑比說，對他人的親密依附，是人生賴以旋轉的軸；馬利斯認為，特殊的關係最能具體表現人生的意義，他們既沒有想到興趣可能極為重要，也沒有考慮到許多人可能需要用某種體系、宗教、哲學或意識形態去表現他們的人生。

我在〈治療的概念〉一文中指出，在分析過程中，有兩個促進精神官能症復原的重要因素。第一個因素是，患者採用某種可以解釋病症的思考體系。第二個因素是，他與另一個人發展出一種有結果的關係。[1]我們的生活中都有這兩個要素，只是有人天生喜歡在人際關係中尋求人生意義，有的人則偏好某些興趣、信仰或思考型態。

對天才創作家而言，無論私人關係多麼重要，他那能發揮特殊才華的領域往往更重要一些；**他的工作比私人關係更能建立他的生命意義**。假使他事業有成，一般人也都會同意這種說法。即便多數人都對大創作家的私生活感興趣，但我們通常認為，他們的創作成就比私人關係要來得重要多了。如果他們沒有好好對待配偶、情人或朋友，我們也多半會抱持寬容的態度。

華格納的操守惡名昭彰，但較諸他的創作成就，他在男女關係及財務方面的不檢點顯得微不足道。瑞典劇作家史特林柏（Johan August Strindberg）對待他的三任妻子及昔日好友簡直壞透了，但是他在《父親》和《茱莉小姐》兩部劇作中，卻能夠成功刻畫他對爭吵的偏好以及對女人的厭惡，使得我們很容易忘記他私底下的劣行。

精神分析師窮其一生傾聽別人述說親密關係所遭遇的問題，但奇怪的是，二十世紀兩位最有創意的分析師在書寫自傳時，除了敘述觀念的發展，幾乎沒有提及妻子或家庭。佛洛伊德《自傳式的研究》及榮格《記憶，夢，省思》都罕見地不涉及私人的關係。我們也許欣賞他們的謹慎，也贊同他們保有隱私，但也可以說，他們這種表現，恰恰顯示了他們心思之所繫。

的確，**許多創作家都無法建立成熟的私人關係，有些人更是極端孤立**。此外，有些人早年歷經了生離死別，這種心靈創傷驅使他們發揮出在相當孤立的情況下才得以展現的潛能。但是，這並不表示追求孤獨且具創作性的事業，就是一種異常行為。一個人即使擁有最圓滿的人際關係，也需要其他能夠成就自我的事物。

人類擁有發達的想像力，得以把人際關係及與人無涉的事物作為自我發展或自我實現的主要途徑。但凡偉大的創作家都會發揮出某些潛能，這種潛能人人都有，只不過多數人只是徒具雛形，即便想跟創作家一樣將潛能發揮出來，也達不到相同的成就。而反觀創作家在發揮這些潛能或天賦時，似乎比處理他們的私人關係更為細心。

個人的自我發展是個重大議題，這個觀念相當晚近才出現於人類歷史，而藝術是自我表現的媒介或自我發展的工具，則是更近代才出現的觀念。在歷史早期，各種藝術都有確切的功能，這些功能都是針對整個團體、而非藝術家本人。舊石器時代的畫家在洞穴壁面畫上動物，並不是在表達他對世界的看法，而是設法創造出一種魔力。職掌羅浮宮博物館的巴贊（Germain Bazin）說：「原始的藝術家是魔法師，他的繪畫具有魔咒般的法力，是一種巫術。」

巴贊相信原始人類以繪畫或雕刻呈現動物的自然體態，是為了確保獵物的豐盛，為了把獵物誘入陷阱，或讓自己從獵物中獲取力量。[2]

英國詩人評論家利德（Herbert Read）則認為，洞窟繪畫反映出「對目的物施加魔力，欲使之成真的渴望。」[3]繪畫使得畫工的知覺更加敏銳，這是英國藝評家拉斯金（John Ruskin）的主張。他認為，藝術家唯有設法用造型與色彩捕捉外在世界，才能對它有所認知。以原始人為例，把可能的獵物描繪得越精確，就越能「認識」這種動物；對動物的知識越多，就越可能獵捕成功。

如果如巴贊所說，為事物定名是第一種創作行為，那麼繪畫或許就是第二種。繪畫好比觀念的形成，畫工透過繪畫去感受對象物的形象，從而對對象物產生征服感。古埃及雕刻家也許就是因為相信圖像的力量，才會為死者雕刻肖像，他們相信圖像可以使人死後依然長存。巴贊說，在尼羅河流域，雕刻家就是「使人活著的人」。[4]

今日的人類學家在研究文化藝術時，都將之描述為具有社會特徵。紐西蘭社會人類學家佛斯（Raymond Firth）說：「原始藝術家與社會大眾在本質上有一套共同的價值觀。與現代西方社會不同，這些藝術家不曾背離社會大眾。」[5]

工業革命之前的多數社會當然也對歌唱或雕刻等特殊藝術活動有所敘述，但似乎從來不用這種方式表現「藝術」。隨著西方文明的發達，畫像有魔力的信仰逐漸衰落，但是繪畫和雕刻依然屬於公眾領域，而非個人趣味。藝術家只是藝匠，不需要有創意，只要執行資助者的命令就可以了。他們的主要工作就是使多為文盲的禮拜者能想起基督教的教義，因此他們在教堂牆面上畫出耶穌基督和聖徒的一生。中世紀藝術家多半出身社會低階層（由於繪畫與雕刻都需要手工，因此視覺藝術的地位低於文學與理論科學），約十三世紀中期，史籍中才開始出現個別畫家的名字。

此外，藝術家針對特殊的人物畫肖像時，這個人物的個性也不如他的社會地位或官職來得重要。中世紀史研究學者寇林．摩利斯（Colin Morris）說：「我們必須承認，在一二〇〇年以前的任何肖像畫中，我們根本看不出畫中人物的個性。」[6]

瑞士歷史學家雅各．布克哈特（Jacob Burckhardt）聲稱，歐洲的個人意識源於義大利。

> 中世紀時期，人類意識的兩面（向內與向外的一面）都在同一層面紗之下，或沉寂或半醒。這層面紗是由信仰、錯覺及幼稚的偏見織成，透過面紗所看到的世界和歷史，都蒙著奇異的色彩。人類僅僅在大致的分類下意識到自己是一個種族、一個民族、一個團體或一個組織的一份子。這層面紗首先在義大利化為烏有，從此人類得以用「客觀」的態度看待國家及世上任何事物。「主觀」的一面也在此時得到相當的重

視，人類因而變成一個有靈魂的個體，而且自視如此。[7]

在自畫像全面盛行之前，名人的具象肖像藝術已經高度發達。誠如詩人學者亞卑茲（Peter Abbs）在《自傳在西方文化的發展》中所說，文藝復興時期的藝術家往往沿襲傳統，在受聘作畫時加入了自己的形象，或以自身為模特兒畫出聖徒的肖像。不過，直到十五世紀末，自畫像才變成自我探索或大膽表現個性的一種手段。十七世紀荷蘭畫家林布蘭的一系列自畫像，就是這股風潮的代表作。

音樂起初也具備社會功能。美國生物學家威爾森（E. O. Wilson）認為，就像鳥鳴在同類之間有著交換訊息的功能，最早的人類音樂在各部落也有其目的。「歌唱與舞蹈可以把各族群聚在一起，引導情感，並為共同的行動作預備。」[8]

在佛斯研究的那些群落中，「甚至歌曲，通常也不只為了取樂，而有其他的功能。歌曲可以作為葬禮的輓歌，或是充當舞蹈的伴奏，或者拿來在夜晚唱給情人聽。」[9]他或許可以進一步說，音樂節奏可以協調肌肉的運動，使肉體勞動較為輕鬆，不易疲勞。西方音樂是教會的遺產，我們知道，數世紀以來，教堂一直是城鎮或村落的集會中心，音樂就有一種讓人同體一心的功能——喚起群眾的共同情感，正是禮拜行為的一部分。

工業革命之前的社會幾乎沒有獨立人格的觀念。一位奈及利亞的精神科醫師告訴我，當第一所精神科診所在奈及利亞的鄉村成立後，精神病患的家屬總是跟著上門，而且在醫師與病人晤談時也堅持在場。那些依照傳統過日子的奈及利亞人根本不曾意識到每一個人都是獨立於家庭之外的個體，或者，這個人可能有些不願讓家人知道的隱私。

英國社會人類學家李區（Edmund Leach）在《社會人類學》中提到：「個人主義是現代西方社會的中心思想，但是在社會人類學家所研究的那些社會型態中，個人主義大都明顯地付諸闕如。」[10]

宗教改革加速了個人主義的滋長，也加速了現代藝術觀念的養成。宗教改革領袖馬丁．路德雖是一位抨擊財富與奢侈的禁慾者，卻同時也是宣揚個人良心至上的個人主義者。直到十六世紀為止，人類各種習俗與活動的最高準則不僅具有宗教性，而且還經由世界性的羅馬天主教會散佈到各處。

誠如英國經濟史學家桐尼（R. H. Tawney）在《宗教與資本主義的興起》一書中力陳的，儘管人類常常表露個人的貪慾與野心，還是有個約定俗成的觀念在規範一個人「應該」怎麼做。中世紀的人並不認為人只要不違法，就可以盡其所能追求經濟富裕；相反的，他們視貧窮為本分，認為累積個人財富會危及靈魂。

宗教改革促進了加爾文教派的發展，也確立新教徒的工作倫理。不久，貧窮就被視為懶惰或無能的一種懲罰，而財富的累積則是勤勉與節儉的報償。

法國社會學家涂爾幹隨後指出，個人主義的發展也與分工有關。由於社會結構越形複雜，職業的專精導致人與人的差異也越大。城市發展使社會關係變得鬆散而不密切，當一個人掙脫小型社會特有的密切關係，從而獲得個人自由之後，就很容易陷入「無所歸屬的失落狀態」，那是捐棄傳統教條所造成的迷惘和錯亂狀態。

亞卑茲在前引論文中指出，根據《牛津英文辭典》，「self」這個字直到一六七四年才出現現代的定義，意指在連續且不斷變化的意識狀態中維持不變的主體。他列出若干大約同時出現、以self與他字所組成的複合字：

> 自負的（self-sufficient，1589）、自知之明（Self-knowledge，1613）、自製的（self-made，1615）、自私自利的人（self-seeker，1632）、自私的（selfish，1640）、自省（self-examination，1647）、個性或人格（selfhood，1649）、私利（self-interest，1649）、自知的（self-Knowing，1667）、自欺（self-deception，1677）、自決（self-determination，1683）、自覺的（self-conscious，1687）[11]

亞卑茲還指出，「個人的」或「個人」（individual）原意是「不可分的」（indi

-visible），用來表示聖父、聖子、聖靈三位一體或已婚者的「不可分離」：

「individual」這個字從「不可分」與「集合」之意，逐漸逆轉為「可分」與「有區別」，這個過程本身就暗含自我意識的發展史，不僅證實其中複雜的變化動力——這動力使人自覺並且自知，從而獨立於世界之外，也證實了情感結構的變化——在文藝復興期間，也從與世界無意識的融合感，轉變成一種有意識的個體心態。12

在從前，畫家、雕刻家、音樂家或作家等藝術家的功能是向社會大眾表達傳統智慧，創作者的技藝受到尊重，但他們的個性則不然，但在今日，我們會要求藝術家表現創意，讓作品展現獨一無二的特色。

比如說，我們推崇提香*的作品。但是如果某位藝術史學者告訴我們那只不過是一件複製品，那麼這件作品再美，也得不到我們的青睞。一件藝術品的價格並不依其本身價值而定，而端視它是否為真跡。藝術已經變成個人的現身說法，而且對藝術家而

*譯注：提香（Titian）為十五、六世紀威尼斯畫派的領導者。

言，更是一種追求自我瞭解的途徑。

自傳是從宗教告解演變而來的。早期基督教會領袖聖奧古斯丁的《懺悔錄》一書就是自傳的典範，不過「自傳」（autobiography）一詞出現得相當晚。《牛津英文辭典》第一個用到這個詞彙的例子，是英國桂冠詩人騷塞（Robert Southey）在一八九年的文字。

數個世紀以來，自傳已從人神關係的敘述變成極類似於精神分析的一種形式，自傳作者在詳述兒時至今的各種環境時，會設法說明塑造自己個性的影響及影響最深的人際關係，並透露自己行事的各種動機。換句話說，自傳作者變身為作家，試圖把自己的生命做一個連貫的敘述，希望藉由這個過程發現生命的意義。

如今自傳體非常盛行，連那些幾乎不令人感興趣、沒有過人之處的凡夫俗子都想為自己的生活留下記錄。或許一個人越是覺得自己與家庭社會不那麼密切，就越想用個人風格使自己成名；創意因此意味著得大膽踰越公認的規矩，有時還表示被誤解或被同儕排斥。那些不太依賴別人或不與人親近者較容易忽視傳統，但原始社會就很難容許個人決定或不同意見。

當一個社會的主要考量是維持群體的團結一致，那麼創意就會受到壓抑。布魯諾・貝特罕曾針對以色列集體農場長大的青少年做研究，他發現了一件事：高度重視群體情感的分享，的確會妨害獨創性的發揮。

我相信，他們會發覺一個人幾乎不可能持有純屬私人且與眾不同的意見，或以一段獨創的文字表達自己——這是因為他們的情感被壓抑，而且這麼做會破壞自我。如果一個人的自我是一種群體自我，那麼，讓個人自我去違反群體的自我，就是一種破壞行為，而當強勢的群體自我消失，弱勢的個人自我也不足以殘存。[13]

前蘇聯有一本發行甚廣的育兒手冊強調了教導幼兒服從的必要，因為「孩子能以此為基礎發揮他們最寶貴的資質，也就是自律。」這本手冊的作者接著問：「培養孩子的獨立性不好嗎？我們會回答，一個孩子如果不服從、不為他人著想，那麼這種獨立性永遠都是醜陋的。」[14]

據報導，比起西方同齡的孩子，蘇聯的兒童整體而言舉止較為檢點，性情較溫和，也比較少犯法。至於他們是否缺少創意，我無法回答。不過，蘇聯藝術家和音樂家在過去一直被迫遵照集體規範，由此觀之，創意在一個以集體為要的社會中似乎不可能被重視或鼓勵。

所謂「貧窮文化」，就泛指了擁擠的居住環境、不得已的群居狀態，以及隱私的缺乏等特點，但真正的貧窮是缺乏像作家這樣的代言人，這雖是由於教育缺乏等因素導致，但大家擠在一起共同生活可能也是原因之一。作家多半出身中產階級，而這個階級比較容易保有隱私，也不那麼需要與朋友或鄰居休戚與共。

鮑比認為，**對他人的親密依附，是人生賴以旋轉的軸**。而我認為，不僅非常有獨創性的人無法同意這種說法，對於那些宗教信仰極深、尤其從事要求獨身之職的人而言，對神的依附更重於對他人的依附。這種人雖然也能愛人如己，但是「你要盡心、盡性、盡意愛主，你的神。」這個訓諭，才是最重要的誡命。[15]

歐洲文化史上，多半不認為人類的最終幸福是來自各種關係或風俗制度，而是得在人與神的關係中才能尋得。事實上，許多信仰虔誠的人都認為，人類的各種關係會阻礙人與神的交流。修道院活動的創始者是一群埃及沙漠裡的隱士，他們唯有超脫俗世，禁絕肉體慾望，過著冥想和嚴守戒律的孤獨生活，才能達到完美的理想。

由於隱士生活很早就被認為不可能實現，因此才出現了「修道士」傳統。依此傳統，修道士不再獨居，而是過著共同奉獻給神的團體生活。修道院牆內的人並非不知道親密的依附或依附的渴望，但他們視之為擾亂心神的因素，也堅決阻止這些情懷發生。

學習，雖然不是修道院生活必要的一環，但由於修道院藏書保存了過去的知識，因此吸引了那些有學術興趣的修道士。修道院在十二、三世紀是知識復興的先驅，在歷史和傳記文學方面頗有成就。[16]我們或許可以說，修道院戒律及密切私人關係的闕如，不僅促進了個人與神的關係，也培養了學術風氣。

如果你認為把人神關係看得比人際關係更重要，就是一種精神異常，那麼你就大錯特錯了。選擇修道院或獨身生活的人，的確有些是由於人際關係失敗或不喜歡負責任，或者想找一個遠離外界的安全避難所；不過，這些都只是「錯誤的」動機，不能一概而論；就算真是如此，缺乏親密依附的生活也不見得就不完整或差人一等。

有宗教信仰者也許會認為，現代的精神分析師把親密的依附給理想化了。由於人性使然，人際關係勢必無法十全十美，而且鼓勵人們在這方面尋求滿足也一定弊多於利。我在序言中提到，西方國家的離婚率逐漸增加，不僅是因為把基督教教義應用於婚姻的人越來越少，更因為一般人都相信可以找到「適合」的人及完美的關係。

許多幸運的人的確能維持一份至死不渝的親密關係，這關係也成為他們幸福的主要來源。不過，即使是最親密的關係也會有瑕疵或缺點。一般人往往因為不接受這項事實，該幸福的卻不幸福，也因此離異。如果我們承認世上沒有完美的關係，就比較容易理解為什麼男女都需要在其他方面尋求滿足。

我們知道，許多創作活動都是在孤獨中進行，這些活動是**在孤立狀態中尋求自我實現和自我發展**，或是尋求生命中某種一致的型態。至於創作活動在一個人生命中的重要性，則因人的個性和資質而有所差異。

每個人或多或少都需要與人發生關係，但每個人也都需要某種純屬個人的成就。一個熱心追求個人興趣的人，只要擁有一些朋友或熟識，即使他沒有建立任何密切的關係，也能夠獲得幸福。

第七章

孤獨與氣質

外向與內向，明顯是相互對立且與生俱來的兩種態度或性格傾向，歌德稱之為（如心臟血壓之）舒張與收縮。

——榮格，瑞士心理學家

多數精神科醫師與心理學家認為，人類的氣質因人而異，而且這種差異大多是與生俱來，無論一個人童年環境及長大後的經歷如何助長或壓抑，差異永遠存在。尤其是一個人對孤獨狀態的反應，更能突顯這項事實。至少，每個人都需要睡眠的孤獨，但在清醒時刻，我們對人際關係的重視程度及對獨處的看法就大異其趣。

榮格在一九二一年首次出版的《心理類型》一書提出了「外向」（extravert）與「內向」（intravert）兩個名詞。他在一九一三年與佛洛伊德決裂後，精神上歷經了長時期的激盪，他自言這種激盪劇烈得令他飽受精神病的威脅。[1]這種情形在他自傳裡有生動的描述。其後八年間，榮格幾乎沒有作品問世，因為他忙著記錄並解釋那些幾乎令他喪失理性的幻象、夢境和幻想。然而，他安然度過了騷亂期，創造出自己的獨立見解，而《心理類型》這本著作正是成果之一。

榮格宣稱他之所以對心理類型感興趣，是想設法瞭解佛洛伊德與阿德勒對人性互不相容的詮釋。這兩位精神科醫師面對相同的心理學問題，對於它的起源與意義何以會有這麼不同的解釋？榮格列舉了幾個明顯的例子，並說明這些例子都可以用兩者的觀點來解釋。他說：

> 如果我們毫無偏見地審視這兩種理論，無可否認，兩者都包含意義重大的真理，而

且雖然兩者互相矛盾，卻不應彼此排斥……既然兩種理論大都是正確的（也就是說，兩者似乎都能解釋問題）那麼，一種精神官能症一定有兩種完全相反的層面，佛洛伊德掌握了其中一面，阿德勒則抓住另一面。但是，兩位研究者怎麼都只看到一面呢？為什麼他們都堅持正確觀點只有一種？[2]

榮格認為基本差異在於：兩位研究者以不同的方式看待主體與對象（或客體）之間的關係。依榮格的說法，佛洛伊德認為主體要依賴重要的對象，而且這些對象，尤其是父母親及兒時其他的重要影響力，正是塑造人格的主要因素。因此，病人在客體關係上的苦惱，都在出生之後的幾年內就已經定型，這些病徵一再出現於移情的場合。我們在前文討論過，「移情」已成為各種派別分析師的理論重點。

根據榮格的論點，阿德勒認為主體必須自衛，以避免受到重要對象的過度影響。

阿德勒認為，一個覺得被壓抑或不如人的主體，會設法用「抗議」、「調整」或其他適當的方法去對抗父母、老師、法令、權威、狀況和制度等，從而獲取一種錯覺的優越感；甚至性行為也是方法之一。這種看法過分強調主體，相形之下，對象的特性與意義完全隱而不現。[3]

兩位研究者當然都看到主體與對象的關係，但他們所看到的關係是何其不同！阿德勒把重點放在主體，無論對象為何，主體總設法尋求自己的安全感與優越感。而佛洛伊德則完全著眼於對象，對象依自己的性格，或促成或妨礙了主體尋求快樂的渴望。[4]

把佛洛伊德和阿德勒做這樣的分類當然有人反對，在此不必贅述。不過，由榮格的敘述來看，顯然佛洛伊德的態度——榮格稱之為「外向」——會認為主體就是在尋求並「接近」對象；而阿德勒則採取「內向」態度，認為主體必須建立自主性與獨立性，因此會「遠離」對象。

榮格認為外向與內向都是氣質的成分，從生命之初就開始運作，而且每個人都兼具內外向的性格，只是程度不同。無疑地，一個理想的人應該是均勻顯現內向與外向，但實際上，一般人不是偏於外向，就是比較內向。

根據榮格的論點，太過外向或內向都會導致精神官能症。極端的外向會使人在人群中喪失自我，而極端內向者則會因為太過主觀而喪失與外在現實的接觸。當這種太偏頗的狀況出現時，潛意識的過程就開始運作，設法去平衡一個人某種單向態度。

我們毋需追究榮格進一步的細分型態，但稍後我們會回頭討論他的觀點——精神是一種自動調整的系統——因為這個觀點與獨立個體的內在發展有密切的相關性，也與本書的主題有關。

其他學者進一步的分類雖然著重了人格的特徵，但似乎都與「外向─內向」二分法非常接近。

德國藝術史家沃林格（Wilhelm Worringer）在一九六〇年寫下著名的論文〈抽象作用與同理心作用〉，這篇論文雖以《心理類型》中的某一章為主題，但非常值得一讀。沃林格在文中表示，現代美學是以凝思的主體行為作為根據。他說，「美學的喜悅，就是對象化的自我喜悅。享受美學的樂趣，就是面對自身之外某個引起美感的對象時，自己覺得快樂，也就是把自己的情懷移入這個對象。」[5]

但是，沃林格也察覺到，「同理心作用」的觀念並不適用於長期的藝術史，也並非每一種藝術都適用：

這種美學的阿基米德觀點*，只坐落於人類藝術感的「一個」極端。這個觀點與來自相對之極的各種線路連接之後，才會呈現出一套全方位的美學體系。我們視為相對之極的這種美學，出發點不是人類同理心的衝動，而是抽象（即抽離物象）的衝動。以同理心的衝動為前提，人類可以在有機物的美感中獲取滿足。同樣地，抽象的衝動也可以使人類在沒有生命的無機物之中，在結晶體之中，或一般而言在抽象的法則和必然性之中，發現美。6

沃林格認為抽象源自於焦慮，也就是說，當人類覺得自己任由大自然不可預測的力量所擺佈時，就會想要創造世界秩序與規律。對大自然的信任與對大自然的恐懼是兩個極端，而極端的同理心會導致一個人在對象中「喪失自我」（前文論及過分的外向時，也提到這種險象）。

幾何形式代表一種大自然中見不到的抽象規則。沃林格寫到原始人類時這麼說：「在幾何抽象形式的必然性與不可否認性之中，他們可以找到平靜。人在做抽象思考時，似乎脫離了對外在世界的依賴，自己也得以置身事外。抽象，是人類能想到且能得到的唯一絕對形式。」7

由此看來，抽象可以使人遠離可能的危險對象，使人感到安全，使人擁有個人的整

＊譯注：阿基米德提出了客觀的假設性觀點，可說是一種「上帝之眼」，能看到萬事萬物的真實關係。這個用語來自阿基米德對槓桿原理的注解：他說，只要給他一個可以立足、固定不動的點，以及一根夠長的桿子，他就能把地球抬起來。所以，從這個支點，萬物的真面貌一目了然。

合感和權力感。這也是科學家在大自然中體驗到的滿足感。一項放諸四海皆準的定理源自假說，而假說的成立則有賴科學家覺察各種規則，超脫本位及主觀情感，並超然於正在研究的現象之外。當假說證明為真，他就有更強大的力量駕馭自然。比如說，近年有研究指出，測量火山附近地心引力的變化就能預測到火山的爆發，而火山爆發向來是威脅人類生命的自然界力量中最強力且不可預知的一種。

抽象因此與自衛有關，也與阿德勒式的內向需求有關，也就是那種想與對象保持距離、想要獨立，或者可能的話，想要具有控制力的需求。

人性的這兩極或說兩種態度，也反映於英國社會學家赫德森（Liam Hudson）對人類個性的分類：擴散型與收斂型。赫德森對聰明學童的嗜好很感興趣，這些學童有的喜歡藝術，有的偏好科學。他發現這些嗜好與許多人格特質有關，這些特質都可以證實科學家與藝術家是完全不同的兩種人。

收斂型的人往往專精於「冷硬」的自然科學或古典語文，他們那種智力在只有一個標準答案的傳統智力測驗中最能發揮，但在多種答案的開放式測驗裡，就表現得不太好了。這種人在休閒時喜歡從事機械方面或技術性消遣，對其他人的生活不感興趣。他們對權威抱持一種傳統的服從態度，他們會壓抑感情，而且很少記住自己的夢。

相反地，擴散型的人偏好藝術或生物學科。他們在傳統的智力測驗中表現較差，但在要求創作想像的開放式測驗中卻得到較好的成績。他們的休閒活動都與人有關，很少涉及事物。他們以反傳統的態度看待權威，不壓抑感情，常常可以記住自己的夢。

現代心理學教科書為了檢測外向與內向的定義而制定了許多測驗，但精心設計的性向測驗，不見得能如想像中那樣確實呈現外向與擴散，以及內向與收斂的對等關係。本文只探討一點，那就是主體與對象（客體）之間的關係。

擴散型如外向者，似乎容易認同別人，心胸容易對人開放，而收斂型則像內向者，總是避開人群，而且擅於處理無生命的事物或抽象觀念。這是針對兩種極端的歸納性說法。事實上，沒有人是完全收斂或完全擴散的，不過這些態度的確在一個人很年幼的時候就已經顯露出來，成長之後也始終表現得很明顯。

美國心理學家霍華德．加德納（Howard Gardner）在一本討論兒童圖畫意義的書中，提出了一種與前文對等的二分法。他把兒童分為「圖案設計師」與「戲劇家」兩種類型。這兩種類型的兒童都有同等的智力與魅力，但對日常生活的體驗卻有極為不同的表達方式。他們從三歲半就開始顯露出差異；孩子約三歲半的時候，就開始把畫圖行為以及他對周遭世界的實際知覺聯繫起來，不再單純地塗畫主觀的感覺。

> 我們碰到一群我們稱之為「圖案設計師」的幼兒。這些小孩分析這個世界的根據，

幾乎都是他們所能辨識的各種構圖、圖案，以及他們所知的規則，特別是物體顏色、大小、形狀等外在特徵。這些圖案設計師興致盎然地堆疊積木，一個個往上疊，不斷在桌上或圖畫中試驗各種形狀，不停地把物體配來配去，或搭配成對，或配成三個一組，但是他們幾乎都不重複同樣的玩法，也很少與人交談（當然他們懂得別人在說什麼）。

與這類型的小孩形成強烈對比的孩子，我們美其名為「戲劇家」。這些孩子對周遭事情的來龍去脈特別感興趣，他們喜歡詢問實際發生在人身上的事情、各種奇遇、衝突或矛盾，對於精彩的故事更是百聽不厭。

圖案設計師專注於畫圖、捏塑黏土或數字的排列組合等活動，戲劇家則喜歡扮家家酒、說故事，或不斷與大人或同齡小孩交談或交換意見。對他們而言，與人保持接觸並展現豐盛的人際關係，就是一種生活樂趣。而圖案設計師卻幾乎摒棄了社交場合，埋首於（也許就迷失在）圖案（通常是視覺圖案）的世界。[8]

很顯然，我們可以說圖案設計師非常內向，或許能解釋為收斂型，戲劇家則非常外向，可能能解釋為擴散型，不過加德納並沒有使用這些名詞。此外，圖案設計師較不涉入人群，甚至避開人群，他們與收斂型的人相似，一心只想找出秩序；而戲劇家則類似擴散型的人，喜歡與人相聚，喜歡說故事。

我們姑且猜測，如果這些兒童日後展現出創作的潛能，戲劇家型小孩會成為小說家、詩人或劇作家，而圖案設計師型的孩子則可能從事科學或哲學研究。當然，我們必須對這兩類型的兒童進行長年的研究，才可能證實或反駁這個說法。我們無法確定這些性格是否持久不變，或許幼年時是圖案設計師型的小孩，在長大之後會顯露出較多戲劇家型的個性；反之亦然。

重要的是，加德納的看法顯示，現今強調人際關係是精神健康的主要決定因素，很可能是不恰當的論點。從加德納的敘述中，我們找不出理由來認定內向的孩子——用心於圖案製造而不太與人交往——就是患有精神官能症或者不正常；同樣道理也包括赫德森所謂收斂型的人。一個人能避免過度與人交涉，並使自己的生活有一個連貫的模式，或許是他得以保持心境平和及精神健康的重要因素。

上一章我們提到兩個促進精神官能症復原的因素，第一是採用某種可以理解患者病症的思考體系，第二是與另一個人發展出有結果的關係。

當然，並非只有精神官能症的患者才需弄清楚自己的經驗，人類這個物種為了適應環境，也必須如此。人類因為有發達的智力與意識，又不完全受制於本能，已經是一種會反省的動物。我們認為有必要對真實世界與內在的想像世界加以詮釋，並使之井然有序。精神分析重視移情，是因為這是不同精神分析流派的共通點，至於對患者經驗的解釋這一環不那麼受到重視，則部分是由於同樣的經驗在不同分析師看來各有不同的解釋。

無論良師益友的指導多麼有影響力，一個人終究必須認清生命的意義。他所創造出來的模式或型態，不見得能用某種可行的方式證實為「真」，不過我們或許可以說，有些看法較為接近客觀的現實世界，有些則不。

然而，人還是有必要認知到自己生命的意義。就算內向、收斂型、圖案設計師型的心態，比起外向、擴散型、戲劇家型的心態更有解釋的必要，此外，也不表示後者就沒有這種需求——即使是最內向的人也需要與人發生關係，而即使是最外向的人，也需要在生活中建立模式和秩序。

人與人之間的氣質差異也許主要來自遺傳，但成長中的環境因素也產生了影響。目前為止，我們討論的雖然是各種不同的「正常」氣質，但是精神官能症和精神病也不過是誇大的正常氣質罷了。在我寫這本書時，社會上公認極度內向的人比非常外向的人更為異常，這是因為我們普遍著重客體關係，而忽視了孤獨時的個體真相。

然而，外向與內向，以及兩種不同類型的異常個性之間，卻有著某種關聯；從稍微古怪到精神病等程度不一的心理偏差，都屬於這兩種不同的類型。我把這兩種個性歸為「憂鬱型」與「分裂型」。

事實上，把個性做這樣的分類是不夠的，因為人的個性有無數種。不過，如果我們企圖瞭解不同的人體驗這個世界的方法也不同，我們就必須以分類作為指標。和本書論點有關的觀點是，這兩種類型的人都特別需要獨處，只是基於不同理由。

第二章討論了獨處的能力。獨處的「需求」與獨處的「能力」有別，前者意味著別人對自我而言，有時是一種妨礙、干擾，或威脅。

乍看下，說外向的人需要獨處似乎很奇怪，因為依照定義，外向者開放且擅於與人交際，他們生活方式的特點，就是有信心地與人建立關係。然而，誠如前文指出的，外向者也許太著重於跟對象交涉，或者在對象中喪失了自己，因而無法接觸到自己的主觀需求。我稱為「憂鬱型」的外向者尤其如此，多數人也都有這種經驗。

在西方社會，我們常發現某些社交場合令人筋疲力竭，很希望有機會獨處以恢復疲勞並「回歸自我」。如果要正常發揮社會的功能，一個人勢必要在某些場合偽裝自己，疲累的時候也要顯露出愉快的樣子，難過時也得面露微笑，或者以其他方式裝腔作勢，這樣的掩飾令人心焦力疲。

維多利亞時期的女士習慣在下午「休息」。她們的確有這種需求，因為傳統要求她們隨時體貼別人的需求，不考慮自己。她們的社會角色是盡職的聆聽者及伺候人的天使，毫無自我表達的空間，因此午後的休息可以使她們回復自我。

白衣天使南丁格爾當然不只是伺候人的天使，連她都認為，如果想擁有自己讀書寫字的時間，只有一個辦法，那就是罹患精神官能病症，這樣她就可以擺脫繁重的家務，隱身在臥室的孤獨裡。

我們在第二章討論到溫尼考特所謂以順從為出發點的虛偽自我，我認為社交上的偽裝，就是暫時且蓄意呈現的虛偽自我。溫尼考特面對的患者都在很小的時候就習慣戴上偽裝的面具，不與自己真實的內在情感接觸，也不知道自己過的是一種不真實的人生。但是，多數舉止嚴謹的成人都知道在某些社交場合必須表現隨和，也很清楚自己在人前的「人格面具」並不能反映真正的情感。一個人公開的樣子與私底下總會有所不同。

一個人在人前到底能表現出多少真實自我，因人而異。有些人令人稱羨，他們似乎從很小的時候就能在陌生人面前表達感覺，不怕被拒絕、被反對、被駁斥或被愚弄。這種安全感源於溫尼考特所說的那種經驗：嬰兒時期能無憂無慮在母親面前獨處，那麼在稍晚的童年階段，就會一直覺得自己被愛著，並且無條件地被接受。

有些人即使在配偶、愛人、密友或親人面前，也無法表現出真實的自我。這種人雖然不至於在意識層次上讓虛偽自我完全取代真實自我，卻特別需要獨處，這種迫切的需求遠超過上述偶爾對孤獨的需求。若兒時曾體驗過沒有安全感的依附之情，成年後就會特別需要獨處——這個說法未經證實，卻似乎頗為可信。

一個小孩在嬰兒期如果沒有從依附對象那兒建立起完全的信任感，他對父母親或日後對別人的反應可能會有不同的形式，這些形式都源於兩種基本動機——「讓步」與「迴避」。我認為，讓步與憂鬱型的人格發展有關，而迴避則與分裂型人格發展有關。

決定嬰兒是否能發展出安全依附的因素，目前還無法確知。誠如第一章所指出的，依附感有著品質與強度的差異。缺乏安全感的依附，有時確實出自母親不當的處置、愛心的缺乏或拋棄行為，但也不能總是責怪母親。嬰兒天生各有所別，有些嬰兒無論得到多少關愛，都無法建立有安全感的依附之情，例如「自閉症」的小孩就是如此。由親子的互動中，可約略看出導致缺乏安全感與過份順從的一種普遍模式。一個沒有被拒絕過或惡意對待的小孩，他在長大之後，也可能覺得父母對他的愛是有條件的。

這種小孩會相信父母對他的愛以及因而得到的安全感，並不取決於他的真實自我，而是取決於父母對他的要求。造成孩子這種想法的父母經常極為關心孩子的幸福，但是對「良好的」行為標準卻可能有著過高的要求，致使孩子認為他的本能衝動和自然反應都是錯的。這種現象嚴重時就會形成認同父母的虛偽自我，並完全抑制真實自我。較不嚴重的情形則是，孩子在人前會表現虛偽自我，真實自我則是獨處時才會出現。這也是他們特別需要獨處的原因之一。

一個小孩如果確定父母對自己的愛會無條件且持續不斷，就會發展出一種內在的自重感，但出現上述那種片面順從現象的小孩，長大後顯然就不會表現出自重感。任何人都會擁有一種珍貴的胸懷——相信自己是個有價值且有意義的獨立個體——這種信心的培養或許與遺傳相關，但無論如何，父母所給予愛的品質，都確實有助長或妨礙的作用。

孩童如果覺得必須順從，以致於片面摒棄或抑制自己的真性情，將來他為了維持自尊，勢必要一直依賴外在的事物。這類孩童長大之後會始終覺得他必須成功、必須做到最好，或者得到每個人的讚許，才可以保住自己的價值感。如此一來，他在面對人人都會遭遇到的人生逆境時必然特別脆弱，包括考試或謀職失敗、被愛人或可能的愛人拒絕、喪親或任何損失。一般來說，這種種不愉快事件會使人暫時心懷怨恨或情緒低落，但是那些幾乎沒有內在自尊的人，也許就會因此墜入嚴重的憂鬱深淵。

一旦不被讚許、遭遇失敗或失落就憂鬱成「病」的人，似乎缺乏了可以慰藉不幸的內在力量。這種人遇到別人視為挑戰的意外事件時，會覺得完全無望且無助。有些生意人生意失敗破產後可以另起爐灶，有些人則選擇從三十樓往下跳，後者的作為好像人生沒有第二次機會似的，又好像為了維持自尊，不管做什麼事都非成功不可，完全不考慮已往的幸福或未來的可能，他們過去擁有的愛或賞識都不算數，內心沒有可資憑藉的東西，沒有「本質的」價值感。

像這樣嚴重憂鬱乃至被視為精神病的患者經常抱怨「空虛感」，他們覺得少了什麼東西，而且永遠無法填補。這種表現加上對器官疾病的恐懼，往往被斥為慮病症的妄想。不過，比較恰當的是，我們可以把這種陳述當作表達心理真相的一種比喻。嚴重憂鬱的患者「的確」缺乏其他較堅強者所具備的某種東西，那就是一種個人的價值感。

會這樣陷於極度憂鬱的類型，就是前述具有「憂鬱型個性」的人。我們必須特別聲明，這只是一個速記式的詞彙，不包括每一種有憂鬱傾向的人。但用來描述這種常見的脆弱個性，卻很恰當。

具有這種氣質或精神病的人，通常會對他人採取一種讓步的姿態，因為他們無法表示異議，也不敢冒險做出招人反感或指責的事。由於獲取讚許的代價就是順從，而順從又必定包含某種程度的偽裝，因此這類型的人必須避開人群，如此他才能不再取悅別人，從而回歸自己。

對人採取「自虐」、謙卑的態度，必然就得抑制攻擊的企圖。一個人如果無法與人相抗衡，或在該表明立場時無法挺身而出，他就必須抑制住自己的敵意。當他壓抑成鬱，這些對別人的敵意就會轉向自身，變成自責。誠如佛洛伊德在〈哀悼及憂鬱〉這篇經典論文所說的，憂鬱的人對自己所作的責難，通常就是他想對身邊某個親近者的責難，但是他怕觸怒這個人而不敢這麼做，因為他還得依賴這個人的關愛。[9]

精神醫療有相當一部分的作業就是針對這種人，這些人經過治療，也多半能獲得良好的效果。幫助一個怯懦的人堅持己見比較容易，但設法使一個太過自負的人變得謙遜，就比較困難了。不過，我們必須強調，經常出現憂鬱現象的患者並非全然屬於上述類型。所謂「雙相型」患者，也就是時而躁狂時而憂鬱的躁鬱症患者，通常都不似易受傷害的單純憂鬱患者那麼抑制情感、那麼順從，也不那麼謙卑。

那些具有憂鬱型個性的人，如果具備任何天賦，他最能表現真我的管道可能是某種創作性的工作，而非與人互動。由於這種性情的人大都很外向，屬於戲劇家型或擴散型，因此他們的天賦可能被導向小說、戲劇、詩、歌劇或其他以人為主的創作；只不過他們牽涉到的人，可能都是想像力的產物。

有人說，跟作家見面總是令人失望，這往往是因為作家的真性情只出現在他們的作品裡，並不會出現在一般社交場合。不過，這種說法也不適用於所有作家，只適用於上述性情的那些人。作家和其他類型的藝術家一樣會表現出各種氣質，從巴爾札克式的浮誇到卡夫卡式的孤僻，不一而足。不過，憂鬱型的氣質特別常見。

特別需要獨處的第二種人都很內向，一旦內向到出現明顯的異常行為，就稱之為「分裂型人格障礙」。前文提到，分裂型個性的發展可能與依附理論家稱為「迴避」

的嬰兒行為有所關聯，同樣的，我們要強調，這種關聯只是一種推測，而且即使經研究證實，也不能解釋個性的形成有多少是取決於先天遺傳，又有多少來自後天的環境因素。

我們在第一章曾提到鮑比針對與母親分離之幼童所作的行為研究。嬰兒與母親分離一段時間之後再相處，會有轉開視線、背對著她，或者避免接觸等迴避母親的行為。如果你把他抱起來，他會尖叫或掙扎，直到被放下為止。有時候他既不掙扎也不尖叫，而是伸手摸索附近的某個東西，被放開之後，就全心玩弄這個東西，而不理睬母親。這種迴避行為通常過一段時間就不會再出現，時間長短除了取決於分離時間的長短，也取決於先前嬰兒與母親的關係。

不過，分離並非造成迴避行為的唯一因素。根據心理學家梅茵（Mary Main）與薇斯頓（Donna R. Weston）的研究，在嬰兒生命之初的三個月，母親如果表現出不喜歡跟嬰兒做肢體上的碰觸，那麼嬰兒就可能在一歲左右出現迴避行為，此外，母親如果顯露出生氣或威嚇的態度，也會讓嬰兒產生迴避的舉動：「那些會避開母親的嬰兒，他們的母親有時會戲弄他們，有時會以諷刺口吻說話或談論他們，有時會向下瞪視他們。」[10]

如果母親進一步出現毆打行為，那麼，當同齡嬰兒或照顧嬰兒的人對他們發出友善的表示，嬰兒有可能會避開，也可能攻擊或作勢攻擊這些人，或者出其不意攻擊照顧者。[11]

此外，母親如果反應淡漠，既不以愉快的態度來回應嬰兒，在嬰兒攻擊她時也毫無反應，那麼嬰兒也會出現迴避行為。上述母親的各種行為，並非嬰兒迴避的「唯一」起因，遺傳差異或腦部失落也可能有關係。

我們需要更多研究才能確實詮釋迴避行為在生物學的目的，不過有個有趣的想法特別切合本書的主旨，那就是，迴避行為可以使嬰兒保有控制自己行為的能力，可以使他的行為具有彈性且有條不紊。梅茵與薇斯頓這麼解釋：「行為失序」是什麼？一個行為在相反的兩極之間搖擺不定，卻與環境的變化無關；或者，一個行為一再出現，但所處環境並沒有這種要求，這樣的行為就可以稱為「失序行為」。[12]

當母親威嚇嬰兒，又不願與他做肢體碰觸，嬰兒的處境就變得很困難。不管是來自何處的威嚇，都會刺激到嬰兒對依附的強烈需求，因為依附的功能就是防禦危險和威脅。但是，如果威脅的出處正是嬰兒必須尋求保護的那個人，那麼嬰兒所面對的就是一個不可解的衝突狀態。嬰兒置身於這種情況時，會在接近、迴避以及憤怒行為之間舉棋不定。他唯有避開跟母親有關的一切，才能緩和行為的失序狀態。

很顯然的，比起順從，迴避行為所暗含的親子關係較為失常，這可能因為迴避是出現在嬰兒成長的早期，而順從則是嬰兒較成熟之後的行為。迴避是由於害怕被敵意傷害，順從則是由於害怕愛會消失。迴避意味著懷疑是否有愛，順從則暗示著雖然知道有愛，但懷疑愛是否能持久。

這些行為模式在「分裂型」或「憂鬱型」人格障礙中最為明顯，但是，「正常人」對別人的態度裡，也多少隱藏著這些因素。從精神分析學家梅蘭妮·克萊恩的理論來看，可能馬上會把這些觀念聯想到另一種二分法：她把嬰兒的成長分為「妄想─分裂位置」與「憂鬱位置」兩階段。克萊恩的許多觀念雖然都未經證實，也無法證實，但是她的信念──「正常人」的感情態度中隱藏著精神病的機制，也受到這些機制的影響──卻頗具說服力。

比如說，我們唯有相信正常心靈深處的確潛伏著妄想的可能，才能夠解釋「集體妄想」。「集體妄想」在昔日曾導致女巫被處決及納粹對猶太人的屠殺，因為普遍群眾對女巫和猶太人都抱持相同的看法；但如果這些看法只來自一兩個人，就會被斥為妄想。

每個人的心靈都有某些極為原始且非理性的精神力量在運作，只是通常都被理性覆蓋或控制住，而在精神疾病患者的行為中，這些力量得以向外宣洩。當然，正常人在威脅或壓力下的行為，也會顯現這種精神力量，沒有人在與他人相處時的心態可以平衡到完全不出現迴避或順從的態度。不過這些態度理當與上述嬰兒早期的行為有關，也與精神不正常者特有的異常現象有所關聯。

精神科醫師所謂的分裂型人格障礙，最明顯的特徵之一，就是與人親密時會感到威脅。典型分裂型人格障礙的兩難狀況是：非常需要愛，同時又非常害怕親密關係。卡夫卡在作品中以極端形式生動描寫了這種兩難，而且在他的成年生活中，為了藉寫作避免「行為失序」，他也採取了迴避態度。

在卡夫卡短短一生中雖然結交到許多深愛他，而且把他理想化的朋友，但他卻說，即使跟他最親近的朋友、也就是後來為他作傳的馬克斯．布羅德（Max Brod）在一起，他也無法坦誠相談；至於陌生人，則總是對他構成威脅。一九一三年的一封信裡他寫道：「如果我身處不熟悉的地方，在一群陌生人或我覺得陌生的人之間，我會覺得整個房間都壓在我胸口，讓我無法動彈。我整個人像要惹火他們似的，一切事情都變得毫無希望。」[13]

卡夫卡在兒童時期與少年時期都深以自己的肉體為恥，他認為自己瘦弱得很不體面。直到二十八歲他才能不感到難為情地出現在公共游泳池。對肉體的疏離（分裂型人格障礙的特徵）使卡夫卡既懷疑自身存在的正當性，又害怕別人控制或摧毀他。卡夫卡甚至連胃痛時，也會幻想是被某個陌生人用棒子給揍了。這種妄想式的幻想恰可比擬為克萊恩所歸類的一種嬰兒行為，這類嬰兒停留在「妄想－分裂」階段，在無助的情況下，他們會覺得被迫害，也害怕被自己所依賴的強勢父母毀滅。

克萊恩認為，嬰兒把強烈的破壞衝動歸因於照顧者的問題，但這些衝動實際上是他們本身的心理狀態。換句話說，他們運用了妄想投射的心理機制。當嬰兒成年後，在他們受苦時，這些早期情感就可能復甦，因此他們會覺得痛苦來自外在，而非內在的感受。克萊恩針對嬰兒出生數個月後的精神狀況所提出的這種看法，無論是否被接受，鑑於卡夫卡對陌生人與本身痛苦的反應，都證實了他心理狀態的妄想投射一直存在，而且深具意義。

由於這個原因，卡夫卡與女人的關係一直很困難。他鍾情一位名為菲莉絲的女孩長達五年之久，並在一九一三年六月向她求婚。這段期間，他們分別住在布拉格與柏林，碰過九或十次面，每次只相處一、兩個鐘頭。他們的關係幾乎全靠書信往返。卡夫卡的信經常滿紙悲苦，表達了對菲莉絲的強烈需要及對她行蹤的關切，甚至關心她的穿著與飲食。他要求她立即回覆每封信，但當菲莉絲出現在他眼前，他又感到威脅：

妳說喜歡在我寫作時坐在我身邊。但妳聽我說，那樣我根本無法寫作。寫作意味著過度揭露自己，一個人身處自我揭露與讓步的極限中，如果與他人有牽扯，就會逐漸喪失自我。而且，只要這個人精神健全，他也會裹足不前——因為每個人活著都想生存——即使自我揭露與讓步的程度對寫作而言還嫌不足。寫作如果只從存在的表面著手（技窮或靈感乾涸時的作法），那根本什麼都不是，一旦真實的感情撼動了這層表象，寫作就會立即瓦解。這就是為什麼一個人寫作時，無論怎麼獨處都不夠，四周怎麼安靜都不夠，即使夜晚都不夠夜晚。[14]

不用說，這樁婚姻當然沒成功。

卡夫卡寫作時非常需要獨處。乍看下，我們可以說他單純是不願別人看到或批評他在寫作時「過度」揭露的自我。他可能確實考慮過，即使要讓愛人菲莉絲讀那種他覺得極為私密的東西，也必需先修訂。

不過，他的焦慮不只這些，跟人展開實際接觸，可能會破壞他脆弱的精神狀態。卡夫卡當時幾近精神病。英國文學家艾瑞克．海勒（Erich Heller）寫道：「當然，這種癖性近似發瘋，而一張寫作桌、一種想像力——能凝聚似乎即將解體的精神狀態——以及一種能作最終整合的智力，才使他免於發瘋。」[15]

卡夫卡對待愛人這種滿紙情長、實則保持距離的模式，後來又出現在他與米蕾娜的關係之中。直到他最後即將死於肺結核的前一年，他才能真正與另一個女人朵拉．狄亞曼住在一起。但即使到了那個時候，他還認為這個做法是「一個有勇無謀之舉，只有拿破崙的俄羅斯之役這種歷史大事件才堪相比。」[16]

卡夫卡害怕的是，親密的關係會危及讓他保持心理健全的那個東西，也就是他藉著寫作以整合人格衝突的那份能力。如果沒有這份能力，他說，「事情就會分崩離析，抓不住重心。」[17]卡夫卡最需要的人，同時也是他永遠的威脅。

前文提到，內向或分裂型人格障礙的人如果具有創作能力，比較可能往哲學或艱深的科學方面發展，而不會走向小說寫作，因為他們所感興趣的是圖像的創造，而非說故事。以所謂「分裂型的兩難狀況」而言，卡夫卡實在是個生動的例子，因此，即使乍看下他似乎不太符合這個假說，我仍忍不住以他為例。

不過，卡夫卡駭人的小說世界幾乎沒有牽涉到現實中真實的人。他小說中的許多人物甚至連名字都沒有，只是簡單被冠以門房、管理員或警員等功能性的職稱。在卡夫卡的世界，所有人類都受到一種他們既不瞭解也無法控制的自然力量所威脅，那種狀態裡的事物，依沃林格的看法，都會造成抽象作用，而非同理心作用。

另外還有個問題。卡夫卡對菲莉絲與米蕾娜的矛盾心理，令人不禁聯想到那些有迴避行為的嬰兒，這些嬰兒都害怕他們最依賴的那個人。但是，是否真的有理由讓我們可以把成人個性與嬰兒行為放在一起看待？我認為答案是肯定的，雖然我也知道某些研究顯示，兒童對不同環境的反應，可能會隨著年歲而有相當大的改變。

值得一提的是，有個矛盾現象與這個問題有關。

遺傳學家及許多心理學家都認為，決定成人個性的因素之中，遺傳比環境來得重要。但是精神分析師卻相信，環境因素（尤其是出現在嬰兒期與兒童期初期的因素）才是塑造人格的主要力量。不過，這兩個陣營都同意，這些不同的因素在生命之初就開始起了作用，也認為「幼兒是成人之父或成人之母」。也就是說，從幼兒期就可以預見一個人的未來，以致於他們不太考慮到一件事：在幼兒成長期間，發生在兒童期和青春期的事件，也可能是成人個性形成的重要成因。

第八章
分離、孤立與想像力的成長

我想，我可以跟動物一起生活。牠們是如此安然自得，我可以駐足凝視牠們許久許久。＊

——惠特曼（Walt Whitman），美國詩人

第六章提到，每個人都有一個內在的想像世界，而那些帶有想像成分的興趣對許多人來說，與人際關係同等重要，同樣能賦予人生意義。運用想像力絕非異常的行為，我們不能割捨幻想，否則就會失去之所以成為人類的許多特性。

但是，可以想像，那些具有天賦、且曾因某種原因而孤獨度過童年的人，想像力往往特別發達。孤獨會因環境的差異造成有害或有益的後果，除非環境嚴酷到導致精神崩潰，否則不管是完全或片面剝奪人際關係，都會促進想像力的發揮。

一般公認的說法是，想像力在兒童時期特別活躍，而且孩子如果沒有玩伴，或因為無法跟同齡人相處而必須長時間獨處，他的想像力就會更加豐富。終生致力於以想像為業的人，往往在兒時就比一般人更有這種傾向，因為分離、某種損失或被迫孤立的環境促使他往這個方向發展。孤立的小孩常常自創想像中的玩伴，有的還會自己編造充滿想像人物的故事。

幼時各種類型的剝奪狀況，會使得身歷其苦的孩子很難發展出親密的依附，但是想像的世界卻可以令他避免不快、彌補缺失，而且成為創作的基礎。有些喪親或孤立的小孩對持久的親密依附不抱任何希望，但反而會冒險追求不那麼親密的關係。

此外，某些具有創作天賦的人，他們所建立的關係可能都很狹窄、不完全或極不穩定。創作藝術家非常有可能選擇那些能夠促進他工作、而非產生實質結果的關係，他們的配偶也很可能會發覺，婚姻關係在他們心目中只居於次要的地位。不過這些有連帶關係的現象並非一成不變，就像有人即使擁有孤立的童年，成年之後一樣能建立起親密的關係。當然我們也理解，有些創作家一旦與人建立親密關係，就會失去一些想像的原動力。

英國小說家安東尼．特洛勒普（Anthony Trollope）就把創作力的發展歸因於他人生早年的孤立。他在自傳中描述了在哈羅和溫契斯特求學的悲慘生活。家境貧困的他繳不起學費，也沒有零用錢，這是同學們都知道的事。於是，高大笨拙又難看的特洛勒普淪為他自己所說的「下等印度人」，沒有朋友，被同伴看不起，只好逃進幻想的慰藉之中。

> 在孩提時代，甚至更小的時候，我就非常依賴自己。我提到的學生生活已經解釋過別的男孩為什麼不跟我玩，所以我很孤單，我得自己想辦法消遣。我需要大量投入某一種遊戲。讀書並非我所好，無所事事也不會讓我快樂，因此我在心裡牢牢建造了一座空中樓閣。

特洛勒普說，在他離開學校並開始在郵局工作前的六、七年，他一直有這種補償性的遐思，而且即使在開始工作之後，這種現象依然存在。

我想，不會有比這個更危險的心智活動了。但我也常常自忖，如果沒有這樣做，我是否還會寫小說。用這種方式，我才能夠把興致放進虛構的故事，把心思用在靠想像力創造的作品，也懂得活在一個完全脫離物質生活的世界。[1]

特洛勒普把他的白日夢貶為一種「危險的」行為，這令人想起佛洛伊德對幻想的看法：幻想是既幼稚且逃避的行為。不過，特洛勒普的幻想生活後來變得與外在世界緊密相連，因此有些評論家把他的小說斥為媚俗、呆板、缺乏想像力。然而，英國小說家兼科學家史諾（C. P. Snow）卻稱他為十九世紀小說家中最偉大的一位自然心理學家。[2]

史諾把特洛勒普的移情能力歸因於幼年的不快樂，這當然是對的。我們從其他例子也可以看出，一個人被拒絕之後，往往變得懂得察言觀色，他會謹慎揣測別人的情感和行為，因為如果不取悅別人，可能會再度受傷。這位初露頭角的小說家就是用這種方式學會了觀察別人，並揣度他人的動機。

英國童話作家碧翠絲．波特（Beatrix Potter）是個有趣的例子。她的童年雖然沒有特別不快樂，卻非常孤寂，因此長大後她變得格外害羞，在人前總是沉默不語。作家蕾恩（Margaret Lane）為她寫的傳記《碧翠絲・波特的故事》首次出版於一九四六年，傳記作家卡彭特（Humphrey Carpenter）在討論波特的《秘密花園》一文中，指責蕾恩將作者幼年的孤單及人際關係的困難寫得太過誇張。[3]

卡彭特指出，一九四六年，波特用自創密語所寫的秘密日記尚未被解讀，他聲稱，這份日記如果及早披露，蕾恩對波特的描寫一定會不一樣。然而，蕾恩寫的傳記在一九六八年再版，在這個版本中，她大量採用日記資料，並把一切歸功於收藏波特作品的林德（Leslie Linder），後者破解了波特的密語，還花了九年時間翻譯日記內容。

碧翠絲・波特生於一八六六年，五歲之前，她一直是家中唯一的孩子。現代的父母為了紓解獨生子女的孤單，多半會送孩子去上幼稚園、邀請其他孩子來家裡玩，或想辦法讓孩子有機會與同齡孩子相處。但是在那個年代，沒有人想到波特需要這些。她由一位蘇格蘭保姆照顧，在保育室進午餐，每天下午被帶出去散步。此外，一個中產階級的孩子，成長於肯辛頓富裕的環境，她還可能需要什麼呢？

波特沒有上過學，也不太分享父母親的生活，除了偶爾跟親戚的孩子碰面，根本沒有機會和別的小孩相處。她父母從不宴客，家裡的氣氛相敬如賓、令人發悶，沒有人企圖滿足孩子的需求。

波特在十九歲才看過禁衛軍的騎兵旅、海軍總部及政府機關所在的白廳街，因為她搭乘的馬車很少離開南肯辛頓一帶。難怪她長大之後在人前總會感到不自在。她的一個表親把她住的地方稱為「維多利亞式的壯麗陵墓」，而她能逃離這個陵墓的機會，就只有到哈特弗附近探望祖母、偶爾到親戚家拜訪，以及一年一度在蘇格蘭的家族聚會。

在蘇格蘭，她開始對動物的生活產生了興趣，也開始編織幻想，同時閱讀史考特（Walter Scott）的威佛利小說＊。她最初的文學創作似乎是一些讚美詩，以及關於蘇格蘭風景的抒情描寫。[4]

波特的弟弟伯特仁雖然在此時出世，但青少年時期就被送往寄宿學校。家庭教師哈孟德小姐鼓勵並培養波特對自然及繪畫的興趣，但她在波特的少女階段就離開了，理由是，她認為波特的能力已經超越老師了。

接著，另一位教師上門教授波特德語與法語，但是她大部分時間都沒有人作伴。她養了一些寵物，包括兔子、老鼠、幾隻蝙蝠及一群蝸牛。蕾恩寫到她跟兔子、刺蝟、老鼠和小魚做朋友，像單獨監禁的囚犯與老鼠為友一樣。[5]

有趣的是，當她的秘密日記被破解，我們卻找不到似乎該有所隱瞞的事件。蕾恩的

＊譯注：威佛利「Waverley」是十八世紀末蘇格蘭歷史小說家華特．史考特一系列作品的總稱。

看法非常透徹：沒有任何隱藏的自言自語、沒有秘密幻想，連抱怨也少得不可思議。這麼多年來，她很少關注自己，似乎有一種源源不斷的力量驅使她努力拓展心智、抓住有意義的東西，並努力創造「某種東西」。[6]

波特的這本日記一直寫到三十歲。雖然內容沒什麼驚人之處，但她勤奮寫了這麼多年，說明日記是她自我肯定的媒介。生長在一個幾乎不承認孩子有獨立個性的家庭，這種自我肯定被認為是一種違抗父母的行為，也因此是錯誤的行為，而這可能就是她以密語來寫日記的原因。

畫圖是她的另一種創作活動，而且她的畫作與著作一樣討喜。波特十七歲時的德語教師是安妮．卡特，兩人後來成為摯交。波特在卡特結婚後仍與她有書信往來，而且她非常喜歡卡特的孩子。卡特最年長的孩子諾爾五歲時臥病在床，波特為了逗他開心，還寫了一封畫有插圖的長信給他，在信中敘述了兔子彼得的冒險故事。這封信在一九〇一年被印成書籍，一九〇二年由渥恩公司出版。

此後十年間，先是出現《兔子彼得的故事》，接著是《松鼠納特金的故事》、《鴨子傑米瑪的故事》，以及其他可愛動物的故事，這些都成為一代代小孩熟悉又喜歡的動物。波特的動物畫作非常細膩，在世界各地展出。有趣的是，她的人物畫從來都沒有達到那麼高的水準。為什麼？在她生命的那個階段，人對她的意義，遠遠比不上小寵物，她把心思都給了這些寵物，因此對牠們的觀察當然細膩得多。

另一個有趣的現象是，她的書寫只持續了十年。一九一三年，波特不顧父母反對與一位律師結婚，定居湖區從事農作。那年她已經四十七歲了，我們可以說，隨著年齡漸長，童年也越來越遙遠，以童年幻想為基礎的創作活動必然會減少。我們也可以推測，當第一次有一個人成為波特生命中的感情重心，她賦予動物的強烈情感自然也會跟著遞減，為牠們創作故事的動機也隨之消失。

波特並非唯一的例子，許多作家對想像創作的興致，似乎都以同樣的模式衰退。但有些女作家，比如特洛勒普的母親，雖然結婚生子，仍然繼續寫作。卡彭特在那篇論碧翠絲．波特的文章中一開始就說：

許多人對維多利亞後期及愛德華七世時期的典型兒童文學作家都有定型的看法，認為他們應該一直很寂寞、孤僻、內向，幾乎無法與人建立正常的關係，只有跟孩子說話或為孩子寫書，才能傳達他們內心深處的情感。[7]

我和卡彭特同樣不喜歡這種定型化說法，但不可否認，很難與同齡人建立關係的成年人，常常比較能自在地與小孩或動物相處。這種人也許剛好是作家，也許不是。我們來看看幾位作家的例子，他們都有這些特徵，而且他們的感情發展與事業選擇，都部分取決於幼年與父母的分離。

百年來，愛德華・黎爾（Edward Lear）的荒唐詩與滑稽畫一直為大人和小孩帶來歡樂。他是父母的第二十個孩子。父親負債後，他的家庭四分五裂。黎爾四歲時被交由姊姊安照顧，以減輕母親的負擔，從此以後，母親與他的成長就不再有任何關係。諾克絲（Vivien Noakes）寫道：「他是一個相當難看、近視、多情的小男孩。母親莫名其妙棄他於不顧令他感到困惑，也受到傷害。」[8]

雖然黎爾的姊姊待他溫柔體貼，一家人後來也團圓了，但他似乎從未與父母親建立親近的關係，而且七歲以後被他稱為「病態」的憂鬱症就時常發作，他的精神障礙也因同時患有癲癇及氣喘而雪上加霜。長大後，他變得更加孤獨，而且有明顯的同性傾向。

他所追求的不是肉體上的愛，而是一個把他當成人看待的人。孩提時，他的父母從沒這樣看待過他。由於他的敏感與魅力，別人都希望擁有他這樣的朋友。他喜歡跟小孩子在一起，因為小孩子喜歡他，也表現出他們的喜歡。但是他所追尋且從來沒找到的，卻是與另一個人之間深刻的精神關係。[9]

諾克絲為黎爾寫的傳記以「一位漂泊者的一生」為副題，因為他一生中很多時間都在旅行，並以繪畫為生。會不停旅行或頻繁遷居的人，通常都缺乏母愛，或者因其他理由而很難製造一個他認為像「家」的地方。黎爾的魅力與討喜的本性雖然為他招來許多朋友，但是他不曾克服本質上的孤獨。

有些作家早年的失落及不幸，對他們的未來造成了深刻的影響，吉卜齡（Rudyard Kipling）就是顯著的例子。

吉卜齡於一八六五年生於印度孟買，父親約翰．吉卜齡是當地藝術學校的校長。一八七一年，吉卜齡與父母親及一八六八年出生的妹妹回到英國度假六個月。當時住在印度的英國人都習慣把孩子送回故鄉接受教育，一方面是為避免孩子染病或早夭（印度的熱帶氣候讓這種可能性不小），另一方面則是勢利之故（被印度乳母帶大的小孩，無法學習中產階級的習慣和禮貌）。

吉卜齡才剛滿六歲，就跟妹妹一起被交給一位退休的海軍將領哈勒威上校和他太太照顧。他父母並沒有告訴這對兄妹不再帶他們回印度。就這樣，吉卜齡直到一八七七年才又見到母親。這被他後來稱之為「荒涼之家」的五年歲月，就這樣決定了他的一生。

他被哈勒威那個大他六歲的兒子欺負，可惡的哈勒威太太也常無情地處罰他，或不讓他出去玩。白天他到當地學校上學也受到欺負，導致他的在校行為也有偏差。每晚，他都要被反覆盤問當天做了什麼事，如果他因為睡意而出現矛盾的說詞，就會被視為蓄意說謊，更證明他壞得該罰。

吉卜齡傳記的作者加林頓（Charles Carington）說，多年來，吉卜齡吃盡了哈勒威太太的苦頭而學到堅忍的教訓，那就是要懂得自得其樂：受苦的人如果自己有支撐的力量，任何苦難都可以忍受。[10]

在《咩，咩，黑羊》一書中，吉卜齡自述了這段恐怖又不愉快的生活。小說家威爾森（Angus Wilson）寫道：「他在朋友希爾太太位於阿拉赫巴德的家中寫這下這本書。我們從她那裡得知，寫這本書對他而言是極為痛苦的一件事。」[11]

吉卜齡把哈勒威太太對他的虐待稱為「有計畫的折磨」，他因此非常注意自己不得不編造的謊言，而且認為這種態度是他文學成就的基礎。小說藝術也許有部分來自把謊言說得令人信服，但這當然不是唯一的來源，吉卜齡實在沒必要這樣自貶。另外，他欣然發現，只要大人不理睬他，他就可以透過閱讀遁入自己的世界。

長大成人之後的吉卜齡仍有逃避的態度，也盡量避免出風頭。他討厭別人問起他的私生活，希望人們只以作品來評斷他。跟許多創作者一樣，他婚姻的主要目的不在經營親密關係，而是希望能自由不受打擾地追求想像的工作。

卡洛琳．包勒士在一八九二年與吉卜齡結婚，她是個能幹的女人，為他擋掉訪客、一手包辦家事，並為他處理公事與信函。此後，吉卜齡雖然享有盛名，並有廣泛的社交關係，但是他依然沉默寡言，而且常常陷入沉思。加林頓認為吉卜齡比他太太更滿意這樁婚姻。

吉卜齡的失眠與十二指腸潰瘍透露了他內心的焦慮。跟黎爾一樣，他跟小孩子在一起的時候，精神狀態最佳也最為放鬆。此外，他很能讓人產生信賴感，許多人堅信向吉卜齡傾訴苦惱，他絕對不會洩露出去。[12]這種特性似乎來自一種能設身處地為人著想、能夠「認同」別人的非凡能力。吉卜齡從小就懂得考慮別人的情感，這也是作家特洛勒普著名的態度。吉卜齡善於察言觀色，也知曉人們會如何表露感情，這點對他的寫作很有幫助。

對處罰的恐懼，也會造成上述謹慎不安的態度，但並非唯一的原因。如果一個母親精神憂鬱或身罹重病，她的孩子也會養成過度焦慮的警覺心態。這種小孩會隱藏自己的情感，同時特別關注別人的情感。比起大部分的孩子，這種孩子比較不會求助於母親或照顧他們的人。這種機警且焦慮的小孩長大之後會聆聽別人的傾訴，相對地，他們不會自我表達。精神分析師與醫師也常具備這種氣質，他們讓人信賴，但不需要表露自己。

吉卜齡瞭解他的知心好友，但他的好友卻不那麼理解他。他的自白大多很間接，而且侷限於他的小說，這也是作家身上常出現的現象。然而，《咩，咩，黑羊》是個例外，這本書似乎是百分之百的自傳。

筆名「撒吉」（Saki）的作家孟羅*1也是個例子。他想像力的旺盛，歸因於喪母、缺乏父愛及感情上的孤立。撒吉出生於一八七〇年，比吉卜齡整整小了五歲。他跟吉卜齡一樣出生於國外（緬甸），父親是英國憲兵隊的警官。一八七二年冬天，他在英國休假期間，他那正懷孕的母親被一隻脫逃的母牛衝撞後導致流產，最後死於這場不幸的意外。於是，當父親要返回緬甸時，就把撒吉和兄姊留給守寡的祖母和她兩個恐怖的女兒撫養；這兩個女兒就是被稱為「湯姆」的夏綠蒂姑媽和奧格斯塔姑媽。

這兩個令人生畏的女人永遠爭吵不休，又喜歡嚴厲地教訓人。奧格斯塔喜歡懲罰人更是到了無可理喻的地步，除了口出威嚇，還會用天譴來威脅人。孟羅家的三個孩子中，最年長的愛瑟這麼描述她：「這個女人任性、愛恨強烈、專橫、缺乏道德勇氣，沒有值得一提的智慧，而且性情幼稚。當然，她是最不適合照顧小孩的人。」[13]

撒吉在他的小說裡一再向這兩個姑媽報仇，其中最有報復性的篇章就是〈斯雷德尼．瓦什塔爾〉（*Sredni Vashtar*）。文中照顧十歲康拉丁的人顯然就是依照奧格斯塔姑媽的形象塑造，最後死在康拉丁的寵物雪貂的爪下。

撒吉長大之後變成一名花花公子，而且是同性戀者。就像演員兼劇作家諾爾．寇威爾（Noel Coward）那樣，他用一張憤世嫉俗的面具掩飾情感，雖然受到許多人的喜愛，卻幾乎不與人深交。藍伯（J. W. Lambert）在《波德利・黑德・撒吉》一書的序文中發表了洞見：

甚至朋友（或許除了軍隊裡的朋友以外）對他的讚美，似乎也都意味著他迷人而有禮，但是，那是因為冷漠而產生的客氣。社交對他而言是滋生愚言愚行的溫床。當他不想進而攻擊時，就退而禮讚孤獨。密切的人際關係從來不曾出現在他的作品裡，唯一的例外，是讓芙蘭契絲卡・巴辛頓和她兒子難以脫身又重傷的那個糾纏情結（參閱《難以忍受的巴辛頓》）。[14]

撒吉與吉卜齡及黎爾一樣，都喜歡跟小孩子相處，不喜歡與成人為伍。他們都熱愛動物，並且把動物引進小說裡。撒吉與吉卜齡對肉體的殘酷行為都有興趣，有時候描寫得令人反感：吉卜齡的「斯托基」系列小說*2，以及撒吉在《難以忍受的巴辛頓》一書

*譯注1：孟羅（H. H. Munro，1870-1916）素喜波斯詩集與東方小說；撒吉是波斯詩人奧瑪開揚的《魯拜集》中斟酒者的名字。

*譯注2：《斯托基公司》（*Stalky & Co.*）是吉卜齡的短篇小說集，描寫學校中高年生欺負低年生及老師處罰學生的故事。

中對柯摩斯在學校鞭打男孩的描述，在在反映了這種態度。

他們長大成人之後都有虐待狂的傾向，這種傾向源於一種渴望，渴望報復兒時向他們施虐的那些人。他們的小說提供了一個可行的發洩管道，來宣洩兇暴的情感。有些人為了發洩這種情緒，會攻擊無辜且無助的人，我們多麼希望這些人的天賦高得足以用寫小說的方式來表現情感！

第三個例子是一位與眾不同的作家伍德浩斯（P. G. Wodehouse）。他出生於一八八一年。他生於英國，但由於父親在香港任職，因此兩歲前的伍德浩斯多半在香港度過。在他兩歲時，母親把伍德浩斯和四歲與六歲的哥哥帶回英國，交給陌生的洛普兒小姐照顧。三年後，孩子們先是到克洛頓一所由修女主持的學校就讀，接著轉到根西島的學校。伍德浩斯自言，他就是這樣被人從一個地方送到另一個地方，過著一種無處為家的生活。

他並沒有很不快樂。在晚年的訪問中，他居然還聲稱他有個快樂的童年，而且與吉卜齡相較下，他頗為讚許自己的命運。不過，早年缺乏親密且持久的感情關係難免對他產生影響，他的傳記作者朵納森（Frances Donaldson）說：

他只好從這個冷漠又得不到什麼的世界抽身，進入幻想的境界。從很小的時候開始，他就是在孤身一人時最感到快樂。而且由於缺乏家庭生活或感情上的刺激，他在孤獨中培養出想像力。他無時無刻想成為一名作家，而且在學會寫字之前，他就開始編故事。[15]

伍德浩斯九十一歲接受《巴黎評論》雜誌專訪時曾說：「我知道我五歲時就開始寫故事，但我不知道在那之前我都幹什麼去了，大概是到處閒晃吧！」[16]

又一次轉學之後，伍德浩斯被送到德威治書院。朵納森說，「他在這裡第一次感受到某種程度的持久性與穩定性。」[17]

對伍德浩斯而言，德威治書院成為他情感的重心。就像每個在正常環境下成長的小孩，通常會出現戀「家」的情況，所以離開學校四十年之後，伍德浩斯仍以不減的熱情關注著母校舉辦的足球比賽。在德威治的那幾年他簡直像在天堂，他擅長各種運動，智力在平均水準以上，而且在公立學校的氣氛中，他不必建立任何緊密的關係。誠如朵納森說的，「他可以參與，但不必深入。」[18]

伍德浩斯十五歲時，母親又回到他的生命裡，但他不曾與她建立起親近的關係，而且在後來與女人的關係裡，他在感情上也似乎保持著壓抑且依賴的態度。就像那些缺乏母愛的人常有的情形，伍德浩斯往往被比自己年長的女人所吸引。一九一四年，他與伊瑟結婚之後，伊瑟完全掌管了他的財務，只給他少許的零用金。伊瑟保護著他，使他免於受到這個世界的傷害，而且雖然有時會逼他出席社交場合，但也小心讓他保有他所需要的孤獨。就這幾點看來，伍德浩斯的婚姻與吉卜齡的非常類似。

伍德浩斯仍然害怕社交接觸，不喜歡接受訪問，討厭各種社團（雖然他是好幾個社團的會員），而且對動物用情至深；至於對人，他不會付出這種感情。當他太太在紐約找公寓住，他只要求找位於底層的公寓。「為什麼？」她問，他回答：「我不知道該跟電梯管理員說些什麼。」[19]

他到學校探望女兒時，一定會先在外面等女兒前來會合，他怕孤伶伶一個人與校長見面。不過，他的個性和藹善良且相當孩子氣，他逃離這個世界埋首於工作，而他的工作也大有成就。據估計，他出版了九十六本著作，並為歌劇填詞，還有許多其他作品。

在日常生活中，我們通常會欽佩那些遇到煩惱還能一笑置之的人。伍德浩斯用幽默自衛，但他的幽默卻扭曲了他對現實的認識。比如說，除了買煙草或打字機色帶的零用錢，他不太在意金錢，因此常常與稅務官員牽扯不清。

二戰期間，他被德軍拘留在法國，他同意為德國境內的廣播電台製作一些輕鬆的節目，談論被拘留的感受，此舉大大破壞了他的聲譽。姑且不談政治意識，任何人只要對現實有點常識，都知道這樣的舉動就表示了對納粹的支持，但是伍德浩斯卻欣然利用這個機會與他的讀者維繫關係，還在節目中感謝美國友人給他寄了包裹，他根本沒想到會因此被冠上叛國者的惡名。

吉卜齡、撒吉和伍德浩斯都在幼年就被「遣走」，缺乏家庭的快樂、關愛和支持，導致他們長大之後都很難與人建立親密關係，而選擇對動物或小孩付出巨大的感情。

這三個人都懂得運用想像力來逃避現實，同時獲得了成就。吉卜齡和撒吉在小說中對於曾拋棄他們並任他們被陌生人凌虐的那些人，都表達出怨恨之情。伍德浩斯並沒有遭受虐待，只是被人從這裡送到那裡，因此他建立了一個沒有暴力、仇恨、性別，也沒有深情的想像世界。黎爾的某些詩作雖然呈現一種幽默的暴力，但是他的想像世界也沒有性別和深刻的感情。

我們可以說，前例這些人之所以能發展出錯綜的想像世界，是由於幼時感情無法得到滿足。這些作家（我在這裡將波特和黎爾包含在內，他們在感情上缺少了父母的關愛）為了彌補孤立，都設法發揮創意，甚至把對人的愛挪出了一部分給動物。

然而，這些孤立的人即使具有天賦，也並非全都轉向小說或動物世界；此外，關係建立的困難，也不能完全歸因於兒時的逆境。

由前幾章中我們知道，每一個人，家庭背景不同，天生的氣質也各有差異。有些人即使兒時得到許多關愛，也永遠無法建立親密關係，而有些人為了彌補人際關係的匱乏，會去追逐財富，而非致力於創作小說。如果你認為人的創作活動只能歸因於某個原因，就未免太過天真了。

不過，誠如上述例子顯示的，某些讓人成為作家的原因，也能讓這個人在有所失落並處於孤立狀態時發揮他的天賦。比利時裔的法國小說家西姆農（Georges Simenon）接受《巴黎評論》雜誌專訪時說：「寫作不是一種職業，而是一種不快樂的使命。」[20]我們終於能瞭解他為什麼這麼說了。

西姆農在專訪裡透露，他從小就敏銳地察覺到，人與人之間根本不可能完全溝通。這項事實令他產生一種孤獨寂寞感，而且幾乎要因這種感覺而尖叫。無疑地，就是這種寂寞感造就了他創作小說的非凡能力，也可能是他一再追求女人的原因。

本章中討論的作家（也許除了伍德浩斯之外）在童年都不快樂，而且也很有理由不快樂。在他們一生中到底不快樂到什麼地步？他們早年的經驗是否妨礙了他們與別人建立某些可以令他們快樂的關係？如果是，那麼在他們發揮想像的天賦之後，是否獲得了另一種快樂？

這些問題都不容易回答。愛德華．黎爾終其一生陷入嚴重的憂鬱，而且儘管被許多人喜愛，他在感情上似乎一直很孤立。

特洛勒普也始終難抵憂鬱感的侵襲，他總是不停工作來避免深陷其中；不過另一方面，他卻擁有自稱幸福且似乎真的幸福的婚姻生活。他在中年對凱蒂・菲爾德的愛情也絕不矛盾。他敏感而易受傷害，但卻努力用一副粗率的「人格面具」來隱藏情感，因而結交了許多朋友，因此，就一個成年人而言，他當然稱不上孤立。他的小說帶來的名聲，很大程度彌補了早年被輕視且被排斥的感覺。

吉卜齡建立的人際關係沒有像特洛勒普那麼密切，不過由於他極重隱私，因此我們也很難斷定。我們所知道的就是他相當有魅力，這份魅力為他招來許多長久且深具意義的友誼。他的婚姻賦予他安全感，他的名聲則維持了他的自尊。但是就像特洛勒普，吉卜齡也很容易陷入憂鬱，而且安格斯・威爾森認為，他是惟恐精神崩潰，才總是避免內省。他設法根據外在的觀察來寫作，盡可能不涉及自我的省察。依照威爾森的論斷，吉卜齡無法擠身一流作家之列，就是因為他規避內省，但這種態度倒也說明了何以其他作家都沒有那樣的作品主題。

本章所討論的作家中，我想撒吉可能是最為孤立的一位。不愉快的童年使他很難建立親密的關係，同性戀則更加深了其中的困難，因為同性戀在當時是一種罪行，不太被社會所接受。在有生之年，撒吉的寫作成就雖然受到某些賞識，但是由於作品的內容偏限一隅，沒有描寫愛，只有諷刺和酷行，因此他無法享有富同情心的聲名。

從撒吉的信中，似乎可以看出他一生最快樂的時期是一次世界大戰期間。戰爭之初，撒吉四十三歲。儘管他的健康情形堪憂，他還是應徵入伍，成為愛德華國王騎兵隊的一員。他視戰爭為一種浪漫的冒險行動，欣賞軍隊裡的男性情誼，而且或許他不在乎生死，因此很喜歡進行在夜間埋設地雷的危險作業。一九一六年，撒吉被一名狙擊兵槍擊身亡。

到目前為止，我們所討論的作家之中，伍德浩斯的寫作態度最符合佛洛伊德的幻想觀：幻想是為了逃避現實。伍德浩斯與他人的關係似乎停留在相當浮面的層次。他的人生所賴以旋轉的軸，當然不是親密的依附，而是他的工作。然而，創造想像世界的樂趣、他的巧思、他的文字技巧，以及他在世間的成功，似乎為他帶來另一種人人稱羨的幸福。

碧翠絲·波特在結婚前可說已經擁有了幸福，她有機會離開那個沉悶的家，獨居於湖區買下的農場，鄉間的消遣和寫作可以使她滿足。她的婚姻當然也為她帶來了滿足，但我們沒有理由懷疑她的傳記作者的說詞，也就是，她在婚前的八年也很快樂。這段期間，她既享受在「山頂農場」的獨居生活，又處於寫作的巔峰狀態。

這些作家發展想像力與創作力，都是為了補償親密依附的缺乏或斷絕，這個說法的言外之意是，想像力與創作力的發展只是次要、可憐的代用品，用以取代該擁有而沒有的親密關係。的確，在人類幼年時，這可能是事實。在我們很小的時候，沒有任何東西可以補償親密依附的闕如。

然而，寫作起初是為了補償匱乏，後來卻變成一種有意義的生活方式。這些作家儘管都有感情上的創傷，卻各有成就；他們（除撒吉與黎爾之外）都建立了人際關係，這些關係雖然有強度與密度的差別，但至少與那些童年不虞匱乏的人所建立的關係一樣令人滿意。即使他們的親密依附並非他們人生所賴以旋轉的軸，但我們也沒有理由就因此認定他們的人生不夠完滿。

第九章
死別、憂鬱與修復

寫作是一種治療方式。那些不寫作、不作曲、不繪畫的人，他們怎麼能不發瘋、不憂鬱，又怎能逃避人類情境裡固有的恐慌？我有時覺得這很不可思議。*1

——格蘭姆．格林（Graham Greene），英國小說家

但是我真的很納悶，對於像我這樣在憂鬱時感情最強烈的人而言，那些消除憂鬱的治療，是否也會破壞了這種激情——就像某種孤注一擲的療法。*2

——愛德華．托馬斯（Edward Thomas），英國詩人

前文提到，有些作家為了彌補父母親情的匱乏或斷絕，不得不發揮想像的能力。本章要探討的觀點則是：想像力不只是為了建造補償式的空中樓閣，或是作為不幸者的避難所而已。誠如篇首的引言，那些能夠激發創作的想像力，還具有治療的功能。

藝術家在詩作或其他藝術品中創造了一種和諧，這樣他就能設法恢復內在精神世界中失去的和諧，或找到一種新的和諧，同時創造出實際存在於外在世界的作品。瞭解自己創作潛能的人，永遠都能跨越外在現實世界與內在精神世界之間的差距。

溫尼考特所謂「創造性的統覺」，會使人覺得生活是值得過下去的東西，而具有天賦的人，或許比多數人更能以象徵的方式來彌補生活中的損失。人類心靈似乎把主觀、想像世界所呈現出的新平衡或修復狀態，當作外在世界被改善過的面貌；反之亦然。

把主觀與客觀作連結時，我們正向人類理解力的極限趨近，但我認為，人類創造性適應的秘密就在這些極限裡。想像力的渴望驅使著人類去尋求新的瞭解，以及與外在世界連接的新方式，這種渴望同時也是內心對整合與和諧的渴望。

我們在上一章探討的幾位作家中，撒吉最無法克服兒時的心靈創傷，他也是唯一一個在兩歲稚齡就永遠失去母親的人。這一章中，我想探討創作性與憂鬱症之間的關係。死別，尤其是年幼的死別經驗，不僅在事發當下會造成憂鬱，這些身受其苦的人後來在遭遇其他失落時，也常使得情況變得更加嚴重。因此，以下略述死別、憂鬱及創作成就之間的複雜關係。

雖然與父母分離對每個小孩而言都是一種創傷，但我們可以說，只要孩子知道父母還活著，就會懷抱著與他們團圓的希望。因此，除非相信來生，否則喪父或喪母的小孩根本無法擁有這種期待。這種失落的斷然本質及其不公平性與不可解釋性，很可能使孩子覺得這個世界是一個無法著力、既不可預測又不安全的地方。難怪幼時喪父或喪母的經驗，常與後來的感情問題相關，而且更可能引發嚴重的憂鬱症。

早年喪親的死別經驗是否會導致後來的憂鬱症，是個很具爭議性的問題。這種經驗造成的後果不同，而且雖然早年喪親一定會造成創傷，但對天生有憂鬱傾向的人來說，這種經驗可能只是引發憂鬱的導火線，也就是臨門那一腳。

有一篇論文支持以上說法。在這篇論文中，一群幼時喪父或喪母的精神病患，以及更大一群不曾有過喪親經驗的精神病患被拿來做比較。結論是，早年喪親的經驗會影響後來罹患精神疾病的嚴重性，但無法決定精神疾病的類型。換句話說，這種失落並不特別與憂鬱、精神分裂或其他精神疾病的發展有關，但當病人發病送醫之後，病情的加重就與這種經驗有關了。

然而，那些幼時遭遇死別經驗的病患，的確比較難建立成熟的、成人的愛情。同時，「他們會建立強烈卻不穩定的人際關係，並且主訴為慢性的空虛感和厭倦感。」[1] 這顯示早年喪親的病患中，至少有些人罹患了慢性憂鬱症，因為空虛感正是憂鬱症常見的症狀。

心理學家布朗（George Brown）與哈里斯（Tirril Harris）針對上班婦女的憂鬱症做研究，發現婦女如果在十一歲之前喪母，那麼後來人生遭遇失落時，就更可能出現嚴重的憂鬱症。自尊取決於「內在」，也就是一種自己被絕對珍愛的感覺。由於母親是兒時最能提供絕對愛的來源，她的消失自然會妨礙或阻斷愛的融入，因此孩子更難建立或保有自尊心。[2]

然而，有些研究人員也質疑，母親的死亡是否會使人更容易在後來罹患憂鬱症。一項研究聲稱，在一批各種類型的憂鬱症患者中，沒有證據顯示十五歲前喪父或喪母是個決定性因素[3]。此外，兒時缺乏父母的溫情，可能是成人罹患憂鬱症的重要誘因，也就是說，缺乏內在自尊很容易引發憂鬱症。一個小孩固然無法從死去的父母那裡得到被愛的感覺，但如果父母活著，卻對孩子不理不睬、長時間不在身邊，或因精神失常而無法付出溫情，那麼孩子一樣無法保有被愛感。

自尊心不僅與被愛感有關，也與能力感有關。憂鬱者面對離婚或喪偶等不幸遭遇時，不僅因為失去了某個以關愛維持他自尊的人而痛心，而且（至少在剛開始）也常認為自己孤獨的生活很無助。布朗與哈里斯寫道：

十一歲之前喪母，當然會對婦女的自尊感造成長遠的影響。她可能會一直缺乏安全感，而且始終覺得自己沒有能力掌握世上美好的事物。

直到十一歲為止，孩子掌握世界的主要手段很可能都是母親，此後他才可能直接且獨立地自行掌握。喪母得越早，孩子學習支配環境就越可能受挫，而支配感或許是樂觀的基本要素。由此觀之，婦女十一歲前的喪母經驗很可能永遠削弱她的支配感及自尊心，導致她在成年之後面對失落時容易被擊垮。[4]

早年喪父或喪母之所以與後來的憂鬱傾向有關，部分是一個人覺得缺乏支配感所導致。某些早年喪親的病患一輩子都在尋找所喪失的至親，他們的嫁娶對象常常是讓他能夠想起父親或母親的人，或者是他可以求助的人。英國精神病學專家伯奇納（John A. Birtchnell）發現，十歲前喪母的婦女比沒有這種經驗的婦女更具有依賴性，或者以鮑比的說法是：更不安地依附他人。[5]

依賴性與無力感（無法處理事情的感覺）有著極為密切的關係。在許多憂鬱症的病例中，無助感與絕望感是伴隨出現的。第四章提到貝特罕的研究結果：集中營裡先死的囚犯，都是早早就放棄自己作決定的企圖，他們自覺在處決者的手中，他們是完全無助的。

嫁給一個像父親的人，或娶一個像母親的人，會加深無能的感覺。如果總是有人可以求助，有人可以提出意見或作決定，依賴者就無法培養自己的能力。喪偶之後，特別依賴配偶的人比別人更容易感到無助。有些鰥夫或寡婦的無助感會一直持續下去，有些則因為再也沒有人可以依賴，才發掘出自己前所未知的處事能力。我們知道，有些人似乎在喪偶後有了新的生機，這並不總是婚姻不愉快所導致。

研究顯示，喪偶、離婚、失業、身體創傷或牢獄之災等不幸的遭遇，如果承受者覺得無法控制，就會對後來的疾病產生相當大的影響。此外，那些覺得自己生活大半受制於外力的人，在面對充滿壓力的事件時，比起對自己生活有著強烈控制感的人，會更為疾病所苦。[6]

我們一致認為，現在的失落可能會喚醒過去失落時的情感。尤其當初失落所引起的感情如果沒有完全修復疏通，更會出現這種情形。哀悼的過程如果不完整，以後遭遇的各種失落就可能造成更壞的結果。那些與父母分離的小孩，可能會抱著團圓的希望，但是喪父或喪母的孩子無法擁有這種慰藉，這意味著喪父或喪母比起分離經驗，對後來的精神健康會造成更惡劣的影響。

布朗與哈里斯的證據多少可以支持這項假說。他們發現喪父或喪母的婦女一旦罹患憂鬱症，病情都很嚴重，甚至發展到精神病的程度。而只與父親或母親分離的婦女，憂鬱症比較可能是精神官能症。

布朗和哈里斯認為，一個曾有死別經驗的人在面對後來的失落時，較有可能感到萬念俱灰。這或許就是為什麼一個小小的損傷或失敗，卻能引發嚴重的憂鬱[7]。比如說，一個喪父或喪母的少年或少女，可能會僅僅因為一次考試失敗，就陷入極端不正常的憂鬱狀態。而造成這種敏感情緒的原因，也可能是太過重視人際關係，並視之為自尊的來源。試想，如果這個人喪父或喪母時還處於孩童階段（除非是神童），那麼他根本就還沒培養出得以提高自己能力感的興趣或技能。後文的例子會說明，能轉向創造性工作的人，比起那些完全依賴密切關係以獲得自尊的人，一般來說更佔優勢。

寫作及其他的創造性活動，可以用來積極應付失落的情況，這種失落也許是眼下的喪親之痛，也許是既往的原因所引起的傷感或空虛。如果具備天賦，那些一再出現憂鬱症的人，就可以在創作工作中表達出難以在社交生活中展現的真實自我。我們知道有些作家由於幼年與父母分離，或後來處於孤立及不快樂的狀態，因此便創造出一個讓自己可以逃避的幻想世界。

當然，創作工作的功能遠遠不止這些。那些遭遇喪親之痛或因某些理由而嚴重憂鬱的人，如果具備創作天賦，往往也能將之運用在修復或再創造的過程中。這種過程是設法接受失落，而非企圖否認或逃避。

英國小說家格蘭姆．格林承認自己有時而躁狂、時而憂鬱的雙相性格，並不時需要承受憂鬱感的侵襲。他認為寫作、作曲或繪畫都算是治療的形式，雖然治療並非唯一的功能。這是對的。此外，這種治療方式除了自己本身，並不需要其他治療師。

我們知道創作家習慣孤獨，我們探討過其中的某些原因。他們不去尋找可以信賴的朋友或是能幫助自己困難的人，而是運用天賦去順應、理解自身的苦難。當然，作品一旦完成，就可以與他人共享，但是面對憂鬱時的最初反應是向內，而非向外。

無助感是明顯的憂鬱症症狀，而創作活動就是消除症狀的方法。這是一種對症下藥的機制，一種行使控制力的方式，也是表達感情的方法。事實上，**表達感情的這個行為，本身就能予人支配感，即使這個人並不特別具有天賦**。心理治療師（尤其是出身榮格學派的）常常建議病人在極度憤怒或絕望時，設法把情感畫出來，或至少把感受到的寫下來。許多病人在格外緊張時，都覺得嚴重受到自己的感情擺佈，害怕自己無法撐過兩個治療期之間的空檔。如果能說服他們在獨處時以某種方法去表達情感，他們的壓迫感通常會消失，並恢復某種程度的控制力。

英國桂冠詩人阿爾菲德．丁尼生（Alfred Tennyson）是個有名的例子，在他身上，你能看見一個有天賦的人如何以自己的資質對付失落。丁尼生以詩集《悼念》回應摯友亞瑟．哈勒姆的死亡。他在聽到好友死訊後的數天內，就著手寫下了《悼念》一書，並陸陸續續寫了近十七年的時間。他本無意出版，但是詩集問世後卻極為成功。

哈勒姆當時已與丁尼生的妹妹艾蜜莉訂婚，他與丁尼生在劍橋大學時是密友，也同時是極少數人才能加入的「使徒社」會員。他們的情誼親密熱誠，但無論私底下或公開場合，都沒有同性戀傾向。佛洛伊德之前的人比我們幸運，因為他們可以承認對同性或異性的「愛」，而不必然聯想到「性」關係。哈勒姆在一八三三年猝死，死因可能是蜘蛛膜下出血，那是一種因血管病變或腦動脈瘤所引發的中風，死時才二十三歲。

阿爾菲德與艾蜜莉不同，哈勒姆之死並沒有明顯地擊垮他，不過他也和她同樣哀慟，並在艾蜜莉恢復正常之後，仍然深受影響。他雖然維持正常的作息，但已經失去現實中最重要的安定力量。他僅存的憑藉就是詩文，用來麻醉一時顯得毫無意義的生活。8

美國傳記作家馬丁（Robert Bernard Martin）文章中的「麻醉」（narcotic）一詞可能出自丁尼生《悼念》詩集中「和緩的麻醉劑」（dull narcotics）：「但是，對不平靜的心和腦，韻文有其妙用，這悲哀的自動修鍊彷如和緩的麻醉劑，使人不痛不苦。」[9]

任何一種工作，或許都能減少眼前的失落之痛。英國教士柏頓（Robert Burton）在《憂鬱的解剖學》一書中說：「我寫憂鬱，是為了讓自己忙得無暇去憂鬱。沒有比懶散更能引起憂鬱的了！就像拉西斯說，沒有比忙碌更好的治療方法了。」[10]

不過，創作詩文並不只具備麻醉功能，還能重拾生命的意義，並且恢復能力感。根據馬丁教授的研究，丁尼生喪友之後不僅寫了《悼念》，也創作了許多出色的詩文。他認為《尤里西斯》、《泰瑞西斯》、《亞瑟王之死》、《哀悼者》、《高柱修士聖西米恩》及《茉德》中的〈但願可能〉，都是這種情況下的作品。他特別提到這些詩文對作者的治療效果，而且其中的措辭恰可證實，作者瞭解寫詩除了有麻醉作用，還包含了某些別的東西。

丁尼生的例子特別能說明遺傳與環境交互作用是如何引發憂鬱症。丁尼生的祖父是個情緒不穩的人，時而憤怒，時而傷感自憐。這種不穩定可能起因於他五歲時喪母的經驗。

丁尼生的祖父育有四個孩子。大女兒伊莉莎白正常且快活，但是身體狀況永遠無法與她的精神相稱；她生病時也會憂鬱。二女兒瑪莉是個陰沉且充滿怨恨的加爾文派信徒，忽喜忽悲地自認為是上帝的選民，還設法為自家的某些天懲懺悔。[11]第三個小孩就是詩人的父親喬治．克雷頓，他是個精神嚴重失常的教士，除了一再復發的憂鬱症，還患有癲癇、酒癮和鴉片癮。最小的查爾斯比其他人正常，但也患有癲癇，同時遺傳給兒子。

喬治．克雷頓育有十二名子女，詩人阿爾菲德．丁尼生排行老四。這個家族中的第一個孩子在嬰兒期夭折，而在阿爾菲德十個兄弟姊妹中，有一個幾乎終身待在精神病院，據說是躁症之後衰竭而死。另一個兄弟則罹患了某種精神疾病，一個染上鴉片癮，一個嚴重酗酒。此外，這個大家庭的每個成員，在一生中至少有過一次精神崩潰。[12]

阿爾菲德．丁尼生本身也在馬修．艾倫醫師的精神病院待過，不過不確定他是否為病人。可以確定的是，終其一生，他的憂鬱症一再復發，而且有嚴重的煙癮和酒癮。馬丁教授在丁尼生傳記最後提到詩的另一個作用，那就是緩和詩人的憂鬱症與疑病症：「在創造詩的和諧及其象徵秩序時，他能暫時感受到適用於自己生活的某種和諧及整體性，而直到他死亡為止，寫詩一直都具備這種功能。」[13]

馬丁教授這段深切重要的敘述，說明了創作力在狂人生活中扮演的角色，比前述的麻醉作用更為深遠。

我相信，秩序、和諧及整體性的追求，對各種氣質的男女而言都是極為重要的生活動力。每個人內心對想像力都有某種程度的渴望，內心越是不和諧，尋求和諧的驅策力就越強，而有天賦的人，也就越想要「創造」和諧。這正是為什麼愛德華．托馬斯在本章引言會有那樣的疑問，他質疑一旦消除了憂鬱症，是否也會把鞭策他寫作的激情給一併消除掉。

以創作回應失落的另一個例子，是德國作曲家孟德爾頌。孟德爾頌的姊姊芳妮幾乎與他一樣是個才華洋溢的音樂家，他們深愛彼此，親友常笑稱他們應該結為夫婦。芳妮在一八四七年突然逝世，年僅四十一。孟德爾頌雖在十年前就已經結婚，但當他從信件中得知了姊姊的死訊，仍然當場崩潰昏厥，此後再也沒有從失落感中恢復過來。

孟德爾頌精神好轉之後和家人到瑞士度假，他最後一首室內樂作品F小調四重奏（作品八十號）就是在那時完成的，用以紀念芳妮。關於這個作品有諸多的評論，有人說熱情洋溢，有人說這首作品是他室內樂中感情最深刻的，有人則說該作品預示了孟德爾頌的曲風將有新的面貌。然而，命運並沒讓他有時間完成哀喪，他在數個月後去世，姊弟兩人可能同樣死於蜘蛛膜下出血，也就是十三年前奪去哈勒姆性命的中風。

這是成年人以創作回應失落的兩個例子，至於兒時以創作回應失落的例子，可能就很少見了。

安德魯．布林克（Andrew Brink）是加拿大麥克馬斯特大學的英語教授兼精神科副教授，他在兩本著作中，把客體關係理論應用於詩文的創作。第一本是《失落與象徵性修復》[14]，第二本是《有修復作用的創作力》[15]；前者研究詩人威廉・柯柏（William Cowper）、約翰・多恩（John Donne）、托馬斯・特拉赫恩（Thomas Traherne）、濟慈與普拉絲（Sylvia Plath），而後者則是前書的續集，針對同一個主題作更廣泛的討論。

另一位文學批評家大衛・埃伯巴賀（David Aberbach）也用同樣的觀點來探討詩文。他的著作包括《比亞利克與華滋華斯的失落與分離》[16]、《掌握詩意》[17]，以及其他相同主題的文章或書籍。這兩位作者的論點都值得大書特書，我將在此引用。

威廉・柯柏是布林克研究的詩人之一，英國作家大衛・塞西爾（David Cecil）曾為他作傳，名為《受侵襲的鹿》[18]。柯柏的例子說明了詩作與幼年喪母的經驗關係密切。他也患有躁鬱。如前文所言，我並不認為早年的喪親經驗會直接引發躁鬱症，但我同意那樣的經驗很可能使得這種精神病的遺傳性顯露出來，而且一旦發病，那種經驗可能使得病情加重。

柯柏出生於一七三一年，父親是一位教士，母親與詩人約翰・多恩有親戚關係。（有趣的是，多恩同樣患有憂鬱症，他四歲喪父，病發時就想自殺，還寫下英文第一本為自殺辯白的書《生之戕》。不知多恩與柯柏的家族是否有相同的遺傳，那種因早年喪親而暴露出來的遺傳？）

柯柏的幼年似乎過得樸實而愉快，跟母親特別親近。但他六歲時母親過世，他的世界也跟著粉碎。他寫道：「曾經享有多麼平和的時光呀！回憶仍然那麼甜蜜！但是良辰不再，徒留痛苦的虛空，這個世界永遠填不滿。」[19]他的母親始終都是他理想的形象。在她去世四十七年之後，他寫信給朋友說：「我可以說，我沒有一個星期（老實說，是沒有一天）不想到她。」[20]

六年之後的一七九〇年，他寫了一首詩〈接到來自諾福克的母親畫像〉，布林克視之為柯柏最有感情的作品。他把這幅畫像掛在臥室，成為臨睡前最後看到、起床後最先映入眼簾的東西。柯柏在詩裡描述這幅畫像如何讓他想到早年的失落，又如何刺激了他的想像，使他暫時獲得慰籍。

這個例子恰可證實，創作行為既可宣洩失落之情，又可藉以克服那種情懷：「當那張臉引發我為人子的悲傷，幻想就會施咒使我心安，把我埋入極樂的夢境，一個轉眼即逝的夢，夢裡您就是伊。」柯柏在詩的結尾說：「當幻想仍然自由展翼，我就能看見重現的您，時光行竊只成功一半——偷走您的人，偷不走您的安慰力量。」[21]

母親去世之後，柯柏被送到寄宿學校，在那裡飽受欺凌。他很害怕那個帶頭欺負他的人，害怕到只認得出他穿著一雙帶扣的鞋，因為柯柏根本不敢正視他的臉。後來他轉到西敏學校，在那裡被罷凌的狀況稍有緩解。

二十一歲時，柯柏定居在中殿法學會所，數個月之後，他的憂鬱症第一次發作，一七六三年又發作了一次。他一首駭人的詩文生動地描繪了我們在第七章提到的現象，也就是憂鬱症發作期間，對他人的敵意嚴重到轉而自責的現象。

〈瘋狂期詩行〉

憎恨與復仇長在我心，延緩執行幾不能忍，
迫不及待，要在瞬間抓住我的靈魂。
我比猶大更該死，比他更可惡；
他為小惠而出賣他的聖主。
兩度背叛耶穌的我，最是下流，最是卑鄙。
人排斥我，神否定我，
地獄也許能庇護我的悲慘；
所以，地獄每一張永遠飢餓的口，都囫圇吞吃了我。[22]

憂鬱時，他對自己既有這種感覺，也就難怪他會設法用鴉片來毒害自己，然後上吊自殺，雖然沒有成功。三十二歲時，他的躁症再度發作，他忘形於宗教，那是充滿和諧、寬恕及喜悅的時刻。以「聽著，我的靈魂，這是主」為首的奧爾尼讚美詩之中，耶穌說：「女人對孩子的溫柔關愛可能停止嗎？是的，她也許健忘，但是我會記得您。」[23]凝視大自然也讓他獲得慰藉，但當他嚴重憂鬱時，連這種慰藉也不管用。

溪流如鏡，松葉開展，赤楊隨風輕顫。
傷心人也許安慰，也許歡喜，我的靈魂卻受傷如昔。
但是煩憂固定不移，內在的感覺不曾見棄，
悲傷依然處處無視美景與良辰。[24]

理智上對美有所認知，感情上卻無法欣賞，這是憂鬱症的特徵之一。柯立芝在〈意興闌珊頌〉中也表達了同樣的空乏感：

天上薄雲，紋紋片片，用姿態向群星示意。
星星滑行，在雲後，在雲間，
或閃爍，或矇矓，總是看得見。
那輪新月定定高掛，彷彿長在自家無星無雲的藍湖。

我看到了，全是這麼美。
我看到，不是感覺到，它們多麼美！[25]

前文提到，早年喪親的人常會在依附對象中尋找父親或母親的影子。柯柏曾與數個女人展開戀情，但終生未婚，這或許是因為他害怕當初的喪親之痛再次出現。一位比柯柏年長的已婚婦女（恩文夫人）曾經心儀他多年，在她喪夫之後，兩個人原本有意結婚，但是一七七二至七三年間柯柏的憂鬱症再度發作，並且在錯覺中誤以為人人都討厭他，包括恩文夫人，這樁婚姻當然也就沒有成功。

其後，柯柏所依賴的朋友之中，有的去世，有的移居他處，他的憂鬱症因此接二連三地發作。比如一七八七年，他從一到六月都極為憂鬱，因為先是一位常有書信往來的男性友人去世，接著一位女性友人又遷居別處。然而，在詩作最豐盛的時期，他似乎長保樂觀的心態。

一再發作的憂鬱症（尤其是布朗和哈里斯所研究的，與幼年喪親經驗有關的那種憂鬱症）會伴隨著無助感而生，柯柏的例子很能說明這種現象。大衛．塞西爾在柯柏的傳記中指出：「柯柏痊癒最大的阻力之一，就是他宿命地屈服於邪惡，而他的生活習慣也助長了這種態度。他經年懶散無為地屈服於生活環境。」[26]

柯柏在憂鬱時，會覺得自己無法對抗邪惡的力量，但當他發現自己能夠寫作之後，便不時成功地克服了這種無助感。他的一位女性朋友奧絲婷女士，經常敦促他嘗試新的寫作計畫。鼓勵一個憂鬱的人去做某件事是如履薄冰的，因為你必須把同情與直言的分寸拿捏得很好。太過同情，會加深憂鬱者的無助感與無望感，而太直言無諱，又會使得他覺得沒有人瞭解他的絕望。

奧絲婷女士似乎歪打正著。她建議柯柏嘗試創作無韻詩，柯柏回答說找不到主題。「那就寫寫這張沙發椅吧！」她說，而他從善如流。這首詩後來變成數千行之長的「任務」。柯柏在詩中傾吐了對人間景況的感受，也理解這首長詩的寫作對自己具備了治療效果。

他說，「一個人肯留意內在的自我，有感情且保住感情，他就會有飢渴的心智，且能止飢解渴。一個人追求社交但不放蕩，他就不得閒，而且會覺得自己要完成一項雖平靜但絕非瑣碎的任務。」27

許多詩人和柯柏一樣幼年喪親，成年之後憂鬱症一再發作。例如約翰．多恩四歲喪父，而且常有自殺的念頭；而威廉．柯林斯（William James Collins）、柯立芝、愛倫坡、約翰．貝里曼（John Berryman）、路易斯．麥克尼斯（Louis MacNeice）及普拉絲，都在十二歲之前就喪父或喪母，而且患上了憂鬱症。柯立芝染上鴉片癮，愛倫坡間歇性酗酒、服用鴉片劑，可能也上了癮；麥克尼斯酗酒；貝里曼與普拉絲則都是自殺身亡。

這一串幼年喪親、成年一再陷入憂鬱情緒的例子，或許還可以再加上米開朗基羅。人們有時候會忘記米開朗基羅除了繪畫、創造一些世界偉大的雕塑品外，還寫了約三百首詩。他六歲喪母，而且誠如他的十四行詩所顯示的，他終生都極為憂鬱。他被證實有同性戀的傾向，而他自懲式的禁慾態度可能是導致憂鬱的原因。值得注意的是，他母親育有五子，其中只有一個結婚。

這些例子中，有些人的憂鬱症顯然來自遺傳。父親或母親自殺，也是他們早年喪親的原因之一。貝里曼十一歲時父親舉槍自戕，他自己則在五十七歲從密西西比河上的一座橋上跳河自殺。

麥克尼斯五歲半時，他母親罹患了一種嚴重的焦躁型憂鬱症。她在一九一三年住進療養院，從此孩子們再也沒見過她。她於一九一四年在醫院過世。麥克尼斯的一位姊妹認為麥克尼斯直到死為止，腦中都還縈繞著母親帶淚在花園散步的景象。正如許多有憂鬱傾向的天才，麥克尼斯最後也變成了一名酗酒者。

有些詩人雖然幼年喪親，但沒有出現嚴重到被視為精神疾病的憂鬱症狀，或者雖有病徵，但世人不得而知。這些人包括濟慈、托馬斯．特拉赫恩、華滋華斯、斯蒂芬．斯賓德（Stephen Spender）、戴—路易士（Cecil Day-Lewis），以及拜倫。

斯賓德在自傳裡說他的母親身體半殘，她惡劣的健康情形是他童年的陰影。而且，她情緒不穩、歇斯底里、有暴力傾向、喜歡誇張的肢體動作。這或許就是為什麼母親死的時候，他雖然年僅十二歲，卻有這樣的感想：「如果說，我對母親的死有什麼感覺，那就是如釋重負，我覺得興奮又刺激。」[28]

考慮喪親與憂鬱的關連同時，我們也應記住，即使是喪母，也不見得就是一場悲劇。詩人拜倫確實性情不穩，他常表現出極端的情緒變化。第三章也提到濟慈的心神被死亡所縈繞，這並不足為奇。他八歲喪父，十四歲喪母，六歲時有一個兄弟死亡，二十三歲時又有一個兄弟去世；九歲時外祖父過世，十九歲時外祖母死亡；還有一個伯（叔）父在他十三歲時去世。他在一封信裡這樣寫著：「這些日子以來，我根本不知純粹的快樂為何物。不是這個人死，就是那個人病，這些事情一直擾亂我的生活。」[29]

依照前文說法，喪父或喪母會激發遺傳的憂鬱傾向，或結合這種遺傳而引起嚴重的發作。上述那些詩人的家族也許都沒有這種遺傳，不過，失落卻造就了他們詩中明確的主題。

華滋華斯八歲喪母，十三歲喪父；猶太復國主義詩人海姆・比亞利克（Chaim Bialik）七歲喪父，他們都承受了家庭破碎之苦。評論家大衛・埃伯巴賀曾比較兩者的作品：

失落與家庭破碎對華滋華斯和比亞利克的影響，都反映為他們詩中顯著的特徵，包括出現了無法忘懷的形象和對象（有時很明顯就是父親或母親，或者具備父母親形象的人）；嚮往失去的樂園；強調餵食；以天人合一為主題；瀰漫著孤立、遺棄、沮喪及罪惡的氣氛；充滿敵意。他們詩裡最主要的「浪漫性」就是對自我的探索，可說就是設法強化自我，而這個自我因為兒時的失落及後來的感情騷亂而變得衰弱不堪。30

托馬斯·特拉赫恩四歲左右喪母。我們不確定他父親是否已死亡，但是他和兄弟都由親戚扶養長大，因此也等同雙親俱失。以布林克的說法，特拉赫恩對大自然及童年的理想化，是在追尋一種從未享有過的幸福。雖然特拉赫恩通常被視為一位充滿幸福與聖愛的詩人，但是布林克卻指出，他有時也會表達恐懼與恐怖：「特拉赫恩的詩和散文都有一種再生的宗旨，也就是從不滿意的生活狀態，轉為另一種較好狀態的自我改變。」31

布林克也證明了特拉赫恩依賴外在客體以求取他一直追求的幸福和諧感：

特拉赫恩的藝術很特殊的一點，就是不停向外追求渴望的客體，也就是大自然中不斷吸引他感官的客體。他的作品幾乎處處可見與客體融合的渴望，這種渴望是一種為求心靈滿足而想獲取客體的衝動，常保強勁的衝動……當特拉赫恩產生了心蕩神馳的感受，最平凡的天空或樹木，都能使他著迷出神。32

我同意布林克的看法，我認為這種現象與精神內部缺乏「好的客體」有關：幼年無法融入母親的愛，因此內心無法保有潺潺不絕的自尊之源。

第四章曾提到的波愛修斯，他把「哲學」比擬為一位從天上帶給他智慧的女神。她苦心地向這位哲學家指出，依賴外在事物求取快樂，危險與幻覺會隨之而來。她在表白財富與寶石的空虛之後，接著說：

也許，你還會發現田園之美。天地萬物誠然很美，田園是天地萬物美的一部分。同樣地，我們有時候也喜見海洋的靜謐，驚嘆蒼穹、群星、月亮與太陽之奇。然而，這些事沒有一種與你有關，你也不敢把任何一種光彩歸功於己……。事實上，你是被空洞的喜悅弄得神魂顛倒，你所擁抱的幸福好像是你自己的，實則不然！由此觀之，你自以為是幸福的那些東西，顯然沒有一件是屬於你的。你似乎覺得自己的內在缺乏屬於自己的幸福，因此才向身外或外在的事物追求幸福。33

投射「好的客體」或「幸福」，這種貌似現代的精神分析概念，其實早在西元六世紀就已經耳熟能詳了。根據「哲學女神」的觀點，華滋華斯與特拉赫恩對大自然的狂熱崇拜，就是採取一種與純粹喜悅不同的態度。

前文提過，憂鬱的傾向與早年喪親，是兩種獨立存在的變數，不過，出現憂鬱傾向之後，早年喪親的經驗會使得憂鬱症狀更為嚴重。早年喪親的情況在作家之間確實普遍，但沒有早年喪親的作家也常嚴重迸發臨床上診斷為憂鬱症的病，無論這種病是否兼具躁症。

如上述情況一再發作憂鬱症的詩人，還包括了克里斯托弗．斯馬特（Christopher Smart）、約翰．克萊爾（John Clare）、傑拉爾德．霍普金斯（Gerard Manley Hopkins）、安妮．塞克斯頓（Anne Sexton）、哈特．克萊恩（Hart Crane）、迪奧多．羅賽克（Theodore Roethke）、德爾摩爾．舒瓦茲（Delmore Schwartz）、蘭德爾．賈雷爾（Randall Jarrell），以及羅伯特．羅威爾（Robert Lowell）。

在這些詩人當中，斯馬特、克萊爾、塞克斯頓、克萊恩、羅賽克、舒瓦茲、賈雷爾及羅威爾都曾接受過憂鬱症的治療；斯馬特和克萊爾住進「瘋人院」；羅威爾住進精神病院治療躁症和憂鬱症；克萊恩、賈雷爾和塞克斯頓則自殺身亡。

這方面幾乎沒有嚴謹的研究，即使有，也都是針對一小撮人所做的研究。但是，一九七四年，美國學者安德莉亞森（Nancy C. Andreasen）與坎特（A. Canter）針對愛荷華大學「作家工作室」的對象進行調查，發現受訪的作家比起標準的對照組更普遍患有情感型疾病（也就是嚴重的復發性憂鬱症或躁鬱症），比例為百分之六十七比百分之十三。

在十五位作家中，九位看過精神醫師，八位接受藥物治療或心理療法，四位住院治療。其中有兩位既有躁症又有憂鬱症；八位只罹患了復發性憂鬱症；六位有酒癮的症狀；有一位在這項調查工作完成的兩年之後自殺身亡。遺傳因素的重要性也經過證實，因為這些作家的親戚中，百分之二十一患有明顯的精神疾病（通常是憂鬱症），而對照組的親戚只有百分之四有同類的疾病。[34]

美國臨床心理學家佳美森（Kay R. Jamison）針對英國四十七位得獎的傑出作家與藝術家進行了研究，發現其中的百分之三十八曾因情感型疾病而接受治療。詩人尤其容易有嚴重的情緒激變，而且其中至少有一半的人曾在門診接受藥物治療，或住院接受抗憂鬱劑、電痙攣或鋰的治療。[35]

處於躁症或深度憂鬱的人，通常無法創造出任何有意義的作品。處於躁症的人焦慮不安、無法集中精神、意念飛馳，因此無法持續工作；而處於嚴重憂鬱的人則因思考過程太過緩慢，往往覺得絕望而無助，認為沒有值得努力的事，也認為所做的事都毫無價值，因此同樣無法進行任何創作。

然而，羅患這些精神疾病的傾向，在具備創造性的作家之間卻特別普遍。如果要解決這前後矛盾的說法，我們就必須相信這種傾向具有一種刺激的作用，會激勵可能的患者去從事孤獨、艱難且經常是毫無報償的自我探索，並且記錄自己的發現。一旦他能這麼做，就不致於崩潰。證據顯示，許多創作家的精神狀態雖然較一般人失常，但他們同時擁有較大的力量，去克服心理衝突和苦惱。曾經治療過創作家的精神科醫師都知道，創作家只有在失去創作動力時，才會尋求幫助。

我們知道，外向者常常因過度順應他人而失去自我，他們可以在孤獨之中回復並表達真實的自我。我們也知道，因幼年的分離和孤立而心靈受創的男女，可以在想像中尋求慰藉。而現在，我們進一步瞭解到，創作過程可以使人不被憂鬱擊垮，使得充滿無力感的人能夠重拾支配感。此外，因喪親而受傷的自我，或者因對人失去信心而受傷的自我，也可以在創作過程中修復到某種程度。

我要再一次強調，憂鬱是每個人都會有的體驗。我們面對失落時所感受到的那種憂鬱，以及被稱為精神疾病並需要接受精神科治療的憂鬱症，兩者之間並沒有嚴格的界線。各種憂鬱狀態在深度及嚴重性上雖有極大的差異，但本質上都是相同的。

天才男女擁有天賦，這些天賦在他們面臨失落時可能就能產生作用，而且會在他們永遠覺得有趣的工作中展現出來。音樂、詩文、繪畫或其他被失落所激發的作品，會為其他有同樣苦難的人帶來更多理解與安慰。

但是，這並不是說，不那麼有天賦的凡夫俗子就沒有內在的源泉或想像力，也並不意味著只有失落才能激發創作，只是有這樣的可能性而已。詩無法取代人，以創作來回應失落，只是運用想像力的例子罷了。把人的關係上綱到人類各種價值中的理想，才會認為創作力是這些關係的替代品。

第十章
一貫性的追求

真好，我沒有讓自己受到影響。*

——維根斯坦（Ludwig Wittgenstein），奧地利哲學家

前兩章所探討的創作家，他們的創作動力部分根源於失落或分離。由於憂鬱的刺激，他們努力創造出想像的世界，企圖彌補生活中的缺失，修復受創心靈，重拾價值感與能力感。

這些人大都重視人際關係，而且努力透過工作找回失去的東西，所以，他們可謂明顯的外向，不過他們比一般外向者更喜歡驅策自己。用心理學家霍華德．加德納的話來說，這種人是「戲劇家」，而非「圖案設計師」。當他們置身孤獨中尋求創作時，就渴望與另一個人或（用以取代人的）大自然快樂地合而為一，而這種現象經常成為他們作品中的元素。

這個通則也有例外或偏差的例子：一個是第八章討論過的撒吉，另一個則是卡夫卡。這兩個人都擅長說故事，但故事中幾乎不涉及親密的人際關係，而兩人在實際生活中也都沒有建立長久的親密關係。

然而，撒吉的日記顯示，早年喪親及童年經驗或許使他的心靈受創，但他確實曾與他喜歡的男人或男孩有過多次的性接觸。雖然撒吉絕不能算是明顯外向，但是他在倫敦擁有社交生活，願意參與他所嘲弄的時髦社會，而且前往西部戰線之前的軍營生活也令他感到愉快，這些都表示了他的個性中有外向的一面。

卡夫卡雖然為朋友所敬愛，但他屬於病態的內向性格（精神科醫師稱為「分裂型人格障礙」）。他有過幾段短暫的性關係，但他設法讓最深的感情只侷限在書信往返之間流露。直到生命最後一年，他才堪堪忍受與一個女人實際生活在一塊。

本章我想探討的創作家們，最關心的不是人際關係，而是**秩序與意義的追求**。這種人就是榮格所說的「內向者」、赫德森所說的「收斂型」、加德納所說的「圖案設計師」。如果明顯地異常，就是精神科醫師所說的分裂型人格障礙患者。

創作家在生活中多少都有迴避他人的現象，也多少需要獨處，但我認為不止於此。表面上，他們可能比第九章提到的詩人有著更好的人際關係，但這經常是因為他們已經懂得杜絕親密關係的需求。這點既與外向者不同，也與卡夫卡那種分裂型人格障礙患者有所差異。他們不會因為關係出了差錯就失常，因為比起多數人，他們的生命意義並不那麼寄託於親密關係。

我們暫且假定剛剛提到的這種人在嬰兒期就有了「迴避行為」，而嬰兒出現迴避行為是為了避免行為失序。如果把這個觀念套用於成人生活，可以看出一個會迴避的嬰兒長大後，他的主要需求很可能是在不完全、或者幾乎不依賴人際關係的生命裡尋求意義與秩序。這樣的一個人會覺得需要保護自己的內在世界，以免在追求意義與次序時受到他人干擾，因為但凡是「他人」，都會被視為一種威脅。內在世界的觀念就像一棵脆弱易感的種子，過早曝光就會枯萎。

我在先前的著作中，強調了人際關係在個性成熟過程中的必要性。在〈個性的相對性〉這篇文章中，我特別指出，個性是一種相對的觀念。

> 如果我們說，個性就是一個人「特殊的個人性格」，我們就必須理解，只有在另一個個人性格的互相對照下，我們才能想像出這樣的一種本質。[1]
>
> 一個人如果沒有另一個人可以比較，就無法意識到自己是獨立的個體。一個處於孤立狀態的人是個集體的人，沒有任何個性。人們常說獨處時，自己最像自己，而藝術家可能特別相信唯有在孤獨的象牙塔，才能完全實現最內在的自己。他們都忘記了藝術是一種溝通，而且他們在孤獨中完成的作品，總是或含蓄或直接地針對某個人而發。[2]

我仍然抱持著上述看法，但我要補充一點：孤立的人在內心進行的成熟過程與整合過程，其幅度大於我原先所以為的。內向的創作家能夠界定自我，並藉由「自我參照」達到「自我實現」。換句話說，他們會與自己過往的工作、而不是與其他人，來產生互動。

孩童顯然無法這樣做，他們必須與他人或事物互動，才能界定自我。就目前所知，意識到自己是獨立個體，是一種漸進式的過程，我們可以想想嬰兒面對並接觸到外在世界的情形。比如說，當他的腳趾頭不小心踢到床尾的這類經驗。

當嬰兒逐漸懂得運用四肢並操控動作，他對四肢及整個軀體在空間的位置就會產生一種本體的感受。這讓我們想起第四章提到的現象，也就是，當一個人因為醫療而必須被固定住不動，或在訊問過程必須保持固定姿勢時，他會失去來自四肢動作本體所感受到的訊息，而這種現象會強力破壞自我界定的界線。

嬰兒需要別人的照顧、餵食、穿衣或清洗，因此他一定會逐漸自覺到個別性。除非這些需求立即獲得滿足，否則一項需求的認知及其滿足之間必然有個空檔。嬰兒在這段空檔會難過地哭叫，如此一來，他既可求助，又可察覺到「那裡」有個東西或有個人會提供他自己無力獲取的東西。

在生命之初，嬰兒必須依賴自己與母親或母親代理人之間的互動，才能自我界定，進而察覺到自己是個獨立的人，並且發展出一個一貫性的自我。在一般情形下，多數成人都會因為一直與別人有互動，所以終生都能自我界定，並保有一貫性。

奧地利出生的美國精神分析學家海恩茲．寇赫特（Heinz Kohut）極有見地，他根據類似的觀念發展出精神官能症及其治療的想法。他認為，要讓孩子發展出健全穩定且一貫性人格，最重要的就是所謂的「共感共鳴的自體客體」必須一再給予孩童認可與支持。

換句話說，孩童必須與能夠加強自我意識的父母或像父母的人進行互動，因為他們認可並反映了孩童發展中的自我真貌，他們可以領會孩童的情感，而且用「非敵意的堅定及非引誘性的情愛」來回應孩童的需要，不會用挑釁的態度拒絕孩童的需索，也不會一味地有求必應。[3]

寇赫特認為，一個人會持續需要這種強化作用：

「自體心理學」（這是寇赫特修正的精神分析理論名稱）主張，人從生到死，心理生活的本質都是由「自體—自體客體」的關係所構成，而且如同生物學領域中，依賴氧氣的生命不可能進展到脫離氧氣的生命，在心理學領域中，由依賴（共生）到獨立（自主）的步驟是既不可即更不可望。依我們的看法，只有「自體」與「自體客體」之間的關係發生本質上的變化，才可以算是正常心理的發展現象。但是，「自體」捐棄「自體客體」，卻不能以此視之，特別是「自體客體」被所愛的對象取代，或由自戀逐步轉移到他戀，都不能被視為發展上的進步。[4]

寇赫特相信一個人最深的焦慮，就是他所謂「崩潰的焦慮」。他認為有這種傾向的人，也許是幼時父母以不成熟態度回應他們，也許是缺乏父母的體諒，因此無法培養出穩健且一貫性的人格。

我們或許可以把寇赫特的觀念比擬為照鏡子。一面清澈、乾淨、明亮的鏡子可以反映出一個人發展的真面目，給他一種堅定真實的自我意識，而一面破碎、晦暗、骯髒的鏡子，則會反映出一個不完全的模糊形象，讓孩童對自己有一種不確定的扭曲感。

我們在第七章提到，嬰兒由於害怕行為失序，因此母親一旦排斥他，他就會迴避。寇赫特發現，某些有失落經驗的人很害怕崩潰，這種觀念跟上述非常類似，只是用語不同。崩潰的焦慮也可以比擬為分裂型人格障礙患者對「內在自我」毀壞的恐懼，蘇格蘭精神科醫師安德烈・連恩（R. D. Laing）在《分裂的自我》[5]一書中對後者有詳盡的描述。

卡夫卡就是這樣的一個分裂型人格障礙患者，他覺得親密關係會威脅到他保有內在自我的能力。

寇赫特也認為，精神分析的治療效果，端賴精神分析師能否設身處地瞭解他的病人，使他能發展出幼年時期無法培養的一貫性人格。這種治療觀念與佛洛伊德的創見有點出入。佛洛伊德的療法在本質上是一種認知模式，也就是說，在治療過程中重揭幼年的創傷，並且設法去理解；更重要的是，必須解除壓抑狀態，使潛意識的部分意識化。

寇赫特的治療觀念則衍生自以移情為基礎的客體關係理論。他認為，精神分析師正確的做法，是提供由美國心理分析師弗朗茲．亞歷山大（Franz Alexander）所謂「修正的感情經驗」。由於分析師能瞭解並體會病人的經驗與情感，因此可以一再強化並修補病人受創的自我。

寇赫特提出一個重要論點，亦即，精神分析的治療過程，並沒有分析師所以為的那麼依賴分析師採納何種理論。換句話說，無論分析師偏向佛洛伊德派、榮格派，或與這兩派背道而馳的克萊恩派理論，只要精神分析師實際上能充分瞭解病人，並把這份理解傳達給病人，治療就會持續生效。

寇赫特堅決主張「自體—自體客體」的關係是終生維持精神健康的要素。這個觀點與一、二章論及的鮑比與馬利斯的想法一致，也就是說，唯有親密的依附之情或特殊的情愛關係，才能使一個人的生命具有意義。

寇赫特的立論也與費爾邦（D.Fairbairn W. Ronald）類似，後者創造了「成熟的依賴性」這個詞，來稱呼感情發展的最後一個階段，並認為完全自主既不可能、也不理想。誠如奧登的詩句：「我們必須相愛，否則只有死亡。」[6]

費爾邦與寇赫特對精神分析的理論都有重大貢獻，但我懷疑他們始終把「客體／對象」（object）解釋為「人」是否正確。客體關係的理論如今深植人心，但使用「客體／對象」一詞實在很不恰當。英國精神科醫師克萊．勞福（Charles Rycroft）在《精神分析考證辭典》說得很清楚：

與精神分析有關的著作中，「客體／對象」幾乎都表示人、人的一部分、這個人或那個人的象徵。對於常把「客體／對象」當作「物」而不當「人」解釋的讀者而言，這個用語很令人困惑。7

由於精神分析師所面對的病情，多半都源於病人生命最早期的「客體關係」，而且分析師都透過自己提供的另一種人際關係來進行治療，因此他們自然會認定客體關係是精神健康的唯一來源。

我相信，孩子與母親或其他照顧者之間的互動，在生命早期的確不可或缺，而且，將來的精神健康及成年後與他人建立圓滿關係的能力，也部分依賴這種互動關係。我也承認，如我們所知，早年關係的中斷，以及父母親對孩子不友善或排斥行為，都會使得孩子傾向於與人無關的事物，或者難以建立人際關係。但我也認為，一個人只要有某種關係，並保有自己感興趣且能維持自尊的工作，這個人也能夠不依賴親密關係，就過上滿意且滿足的生活。

我認為工作，尤其是逐年改變、層層深入的創造性工作，就能提供人格內部的整合原動力；而寇赫特卻認為，這種原動力只來自或主要來自他人積極的回應。

在英國作曲家艾爾加（Edward Elgar）的傳記中，音樂學家摩爾（Jerrold Northrop Moore）寫道：「這位藝術家跟我們一樣，被內心的各種欲望所折磨。但與我們不同的是，他會把每一種欲望都變成藝術中的一個元素。接著，他會設法綜合處理所有的元素，使之形成一種風格。一件成功的合成物，特色就是具備統一、獨特，而且人人都明瞭的風格。」[8]

依照這種論點，風格就是一塊把人格各個部分均衡黏結起來的水泥，是一種整合的原動力。寇赫特認為，精神分析師的目標，就是透過體會與瞭解，幫助患者得到這種原動力，但是有天賦的人藉出自己的工作就可以辦到。

如果有人是設法透過藝術創作、哲學體系或宇宙理論，去彌補幼年的失落或後來與人互動的困擾，那麼他們一系列的作品就多少可以代表或取代「對象」。不過如果因此認為人類的興趣都是這樣培養起來的，那就非常荒謬了。臨床心理學教授莫利斯·伊格爾（Morris N. Eagle）在〈充當客體關係的興趣〉這篇重要論文中寫道，精神分析理論一直沒有適當看待興趣在人格運作上的關鍵性角色。

傳統的精神分析理論一旦論及興趣，往往認為它在本質上是衍生而成的。因此，在昇華的觀念裡——在精神分析理論中，昇華這個觀念最足以解釋興趣的培養——「本能的衝動不趨向性滿足，而傾向別的目標時」(《佛洛伊德傳》，卷十四)，就會發展出各種興趣。也就是說，把性的目標轉向更高層次的追求，就會產生興趣。依照這個觀點，是否能培養文化上的興趣，完全看一個人能否把性的活力昇華或「中性化」。[9]

如今，這個觀點仍存在基本理論派精神分析師的心中，但顯然已經落伍，而且不再符合人類發展的真相。即使是年紀很小的嬰兒，也會對刺激視覺和聽覺的新奇事物產生相當的興趣，而這些刺激都不是為了滿足飢渴、碰觸或舒適的需求等基本的肉體衝動。

溫尼考特提到「過渡性客體」的觀念，認為嬰兒會對物品投注意義，這種人生極早期的現象證明了人並非只為愛而生。此外我們注意到，一個有安全依附感的孩子，最能夠離開母親的身邊去探索四周的環境及物品。由此看來，最初所顯現的「興趣」，不能視為情感關係的替代品，而是事事皆充足的證據。

我們知道在單獨拘禁或集中營等極端的狀況中，音樂或語言等興趣、狂熱的宗教或政治信仰，都能夠防止精神崩潰，甚至死亡。伊格爾就引用了一位作曲家的例子：

依照精神醫學的一般標準，這個人的心理相當不正常。他經常偏執、多疑、慢性失眠、情緒極端變化、有週期性的強烈焦慮，而且據說有類似幻覺的現象。然而，在我認識他的二十六年裡，他從來沒有嚴重錯亂過，也從未呈現明顯的精神病症狀。我總覺得，如果沒有音樂方面的天賦和熱情作為生命的重心，他可能早就崩潰了。[10]

音樂在這個人生命中所扮演的角色，顯然如同寫作之於卡夫卡。我同意伊格爾的結論：「對事物的興趣正如情感的進展，不僅是本能衝動力的轉化或衍生而來，而是生命進程中重要而獨立的一面，它表現出一種天性——天生就想認識世界上的事物，天生就喜愛這些事物。」[11]

因此，一個穩健均衡的人，應該既可在人際關係裡，也可以在興趣中尋得人生的意義。雖然興趣不是源自人際關係的失敗，但我認為對那些因某種理由而無法建立親密關係的天才男女而言，興趣能取代一些通常都得靠親密關係才能達成的事情。

創作很有趣的一個特色是，作品會隨著時間而產生變化。極富創意的人永遠不會滿意自己的成品。事實上，創作者完成一件作品之後，常常會經歷一段憂鬱期，唯有著手創造下一件作品，才能消除憂鬱。

我覺得創作能力似乎提供了一種絕無僅有的機會，使人可以在孤立的狀態中自求發展。我們多數人主要是透過與人的互動來發展和成熟，包括孩子、青年或少女、夫或妻、父或母、祖父或祖母，這些人際關係上的角色把我們的一生分為數個階段，而藝術家或哲學家則可以自己趨向成熟。他們一生中的各階段不是依據與人的關係，而是依據其作品的本質變化與成熟度。

我曾提到，有些人特別需要在不以人際關係為主的生命裡尋找意義與秩序。如果這種說法到目前為止是對的，我希望能找出一些創作家的例子。這些人，第一，非常內向；第二，避免或難以建立親密的關係。我想，這種人特別會獨自努力發展自己的觀點，特別保護自己的內在世界，避免別人時機未到就對他們進行探究或批評；也可能比常人更不被他人的想法所影響。這種人的自尊及成就感主要是來自於他們的工作，而非他們的人際關係。

此外，我們也會發現，某些這類型的人患有明顯的「精神官能症」，他們不快樂、焦慮、恐懼或憂鬱，也就是說，他們承受著人際關係不完滿之苦，客體關係論者則認為這種現象是精神官能症的病源。但就另一方面而言，我認為客體關係論者在這方面陷得太深，我也認為**人際關係並非人類幸福與安定的唯一來源**。如果我的想法是對的，我們應該有些實例可尋，這些人雖然不在人際關係上尋求滿足，但透過工作，他們獲得了與一般人同樣多的幸福和安定。

有這麼一位極具創意、極重要的哲學家就完全符合上述的設想。我在接下來概述康德的個性時，會引用德．昆西對康德臨終前的敘述[12]，以及班拉米．夏夫斯坦（Ben-Ami charfstein）在《哲學家們》一書中論及康德的部分[13]。

一般來說，哲學家往往會對同儕或先人的想法提出專業的審視、反駁或質疑，但對這些人的個性或生活經歷幾乎都不感興趣，還可能把這種事斥為毫不相關、荒謬或微不足道。也就是說，哲學體系不管創始於何人，本身都可說是獨立存在的。這雖是事實，但誠如我在序言中說的，西方許多極具創意的哲學家不僅智慧不凡，在其他方面也異於常人。

康德，一七二四年出生於東普魯士的柯尼斯堡，並且終生都在這個出生地度過。他在九個兄弟姐妹中排行老四，其中三個兄弟在嬰兒時期就夭折，他的父親是一名馬具商，在康德二十二歲時去世，母親則在他十三歲時逝世，他永遠感激她的愛與教誨。

康德對自己的父母除了讚美別無他詞，但是他似乎很早就堅持完全自主，因為他顯然無意美化他的童年，並且認為在這個時期，別人強加諸給孩子的紀律都是令人遺憾的自由限制。事實上，他認為嬰兒出生之所以啼哭，是討厭自己無法適當地運用四肢，覺得這種無能是一種束縛。

然而，無論紀律多麼令人不快，也還是兒童所需要的。當然，康德有點太嚴厲了，他相信孩子都應該遠離小說，因為讀小說會鼓勵他們產生浪漫的幻想，犧牲了嚴肅的思考。他還認為，為了促進獨立，應該教導孩子忍耐窘況與逆境。康德對獨立的堅持是非常絕對的。根據羅素的說法，康德堅稱「最可怕的事，莫過於一個人必須順從另一個人的意志。」[14]康德相信每個有理性的人，都是因自己本身而存在，我們也都應該以此互相看待。康德的書信大多在陳述自己的哲學觀點，他對其他哲學家鮮少有敬意，除了他自認受益良多的大衛．休謨（David Hume）。他的一位抄寫員就提到，康德很難認同別人的思想，因為康德無法跳脫自己的思考體系。

康德擁有許多忠誠的朋友，他也很樂意款宴他們，當年紀較長時，康德還被認為是一位大方的主人，一個說話充滿魅力的人。然而，儘管他到七十歲都還愛慕女人，卻沒有與任何人建立起密切的關係。他曾好幾次考慮要結婚，卻從未冒這個險。他雖然對親戚很慷慨，但也謹慎地跟他們保持距離。他的姊妹不少都住在柯尼斯堡，但康德卻足足二十五年沒跟她們碰面。有一次，他還在世的一位兄弟給他寫了一封動人的信，感嘆相隔兩地，希望能與他團聚，而康德花了兩年半才回覆了這封信；他說，他一直忙得無法回信，但是他的確顧念兄弟之情。

康德身上顯現了許多強迫性格。他將日常生活安排得規律之至：每天早上，僕人在四點五十五分喚醒他，五點吃早餐，接著整個早上用來寫作或演講；十二點十五分吃午餐。在他一生的大部分時間裡，午餐之後的獨自散步總是分秒不差，柯尼斯堡的居民簡直可以藉此行程來調整時鐘。到了晚年，他幾乎天天有客人要接待，這類談話的聚會勢必持續到下午四、五點，這才無法繼續維持固定的規律。接著，他閱讀到晚上十點，然後就寢。

康德表現出典型的強迫人格，他對於自己無法控制的事都缺乏耐心，也無法寬容，這也是他企圖擺脫外在束縛的現象。在他生命晚期，只要飯後咖啡稍有耽擱，他就迫不及待地催促不已。在餐桌上，他不能忍受談話中斷，因此他會邀請各式各樣的客人聚餐，以避免話題短缺。

康德學識淵博，不僅通曉數學及科學，對政治也頗有研究，政治往往是餐桌談話的主題。他很少談及自己的工作，部分原因無疑是謙虛，但也可能是他不願讓自己的想法在東拉西扯的餐桌談話中曝光。「更不可思議的是，他很少、或從未把話題導入他的哲學創見。許多學者和文人都無法容忍別人不認同自己的見解，但康德完全沒有這種毛病。」[15]

康德對自己和別人的身體健康問題簡直關心得走火入魔。他處心積慮不讓自己流汗，還培養出一種日日夜夜用鼻子呼吸的技術，唯有這樣，他才不致於患上黏膜炎或咳嗽。他恪守這個習慣，因此每天的例行散步總是拒絕有人同行，免得交談時不得不在戶外張口呼吸。他的臥室即使在最冷的天氣也不加溫，而他的書房總維持在華氏七十五度＊。

可想而知，康德非常節制，即使是自己特別喜愛的咖啡與煙草也從未貪多。他誇炫自己的健康，對醫學有著極大的興趣。朋友生病時，他也極為擔心，不時詢問病情。但是，朋友一旦去世，他就不再把他們放在心上，立刻恢復冷靜的態度。康德認為思及死亡的恐懼感會助長疑病，因此到了老年，他隨時以勇氣和聽天由命的態度面對死亡。

康德把自己疑病的傾向歸因於胸腔的扁平和狹窄。他承認自己有時會對疾病產生莫名的恐懼，而且這種感覺強烈得令他憂鬱而厭世。然而，他那些強迫性的生活作息似乎有效防止了他陷入憂鬱中，而且在中年以前，他給人的印象就是愉快——冷靜且理性的那種愉快。雖然康德確實有精神官能症的焦慮現象，但直到七十九歲臨死前，他才出現明顯的情緒低落。

他顯然患有腦動脈硬化症。雖然他仍舊清晰記得很久以前的事，也能背誦很長的詩篇，但對於晚近的事卻越來越健忘。他的強迫性越來越嚴重，任何家具或物品一旦挪動了位置都會令他不安。他開始對電有一些奇怪的妄想，覺得自己的頭痛都是因電而起。他漸漸不喜歡見陌生人，因為和許多動脈硬化癡呆症的患者一樣，康德意識到自己的殘疾，不願別人知道他的智力逐漸衰退。直到生命終了，他都為夢魘所苦，這也是腦動脈硬化常見的病象。

康德在一八〇四年、距八十歲生日的兩個多月前逝世。由於他的名望極高，壯觀的公開葬禮在柯尼斯堡是前所未見的。

在西方較古老的學院常可見到康德這種典型的大學教授。康德的才華與成就，旁人雖然難以匹敵，但是在牛津和劍橋大學卻有不少個性和興趣都與康德類似的院士。那些一絲不苟、有強迫性格的學者特別被這兩所大學吸引，他們獻身於工作，視人際關係為次要之事。身為學者，他們被照顧得很好。他們理所當然需要獨處和私密的研究空間，但必要時他們也可以找到友誼，只是沒有家庭生活的那種情感罷了。

康德的生命中缺乏人際的溫情，但他受到舉世的尊崇，他的朋友也誠摯待他。他個性的特色就是執著和強迫性，但是防止焦慮和憂鬱的自衛機能讓他在大半生運作良好。有些精神分析師或許不同意，但我認為這樣的人生，並不能斷定就跟精神官能症患者一樣不幸福。

在非哲學家的眼裡，哲學似乎是門奇妙的學問，其實對某些哲學家而言可能也是。這門學問不是一種以經驗和實驗為依據的研究，換句話說，不像自然科學那樣在一代代

*譯注：約攝氏二十四度。

累積的知識基礎上加上新的東西。一般哲學家所處理的問題都不會有最終或永久的解答，多數哲學家在研究過程中都只會聲明：由於某某問題已經澄清，因此以前解決這些問題的某某方式已經可以棄而不用。

雖然哲學家如科學家一樣會盡可能做到客觀，但哲學卻不像實證科學。另一方面，哲學也跟藝術不同，它並不需要清楚表達個人想法或情感。不過，哲學在某些方面既似藝術又像科學。在科學的進程中，一代代累加的新知會融合成一個整體的結構，比如現代的物理學家，根本不需要去研究牛頓或愛因斯坦的原始論文，這兩人在物理學和宇宙論的創見已經被消化吸收，他們得到結論的方法雖具有歷史趣味，但也只是趣味而已，無關未來的進步。即使最偉大、最具創意的科學家，他們的觀念也難以避免被取代的命運。

但在藝術的領域，通常沒有以今代古的問題。貝多芬所用的管弦樂編制大過莫札特的，華格納的又大過貝多芬。管弦樂的編制擴大，表達的可能性自然增加，但並不是像十九世紀批評家所說的，貝多芬的音樂比莫札特偉大，華格納的音樂又比貝多芬偉大。貝多芬的音樂無論採用了多少莫札特的成就，都不能取代那個成就。莫札特的音樂、貝多芬的音樂、華格納的音樂，全都是傑作，也都無可取代。

繪畫也一樣。透視法等技巧的發現，有時會被拿來證明文藝復興時期畫家優於他們的「原始」同行，但我們知道，佛羅倫斯的早期畫家契馬布埃（Giovanni Cimabue）和文藝復興時期喬托．迪．邦多納（Giotto di Bondone）的畫作，都關乎那個時期的價值觀，也是無可取代的傑作，若沒有這些作品，我們一定無法理解那個時代。

就這層意義而言，哲學比較像藝術，而不像科學。柏拉圖與亞里斯多德的著作至今仍然值得研究，而且是任何想瞭解哲學的人都必須研究的。關於這兩位先哲的著作，始終有人加以論述，就如同一直有笛卡爾、休謨、康德或維根斯坦的相關書籍問世一樣。在哲學領域，指出某種哲學論點的缺失，也能像科學那樣獲得進步，但各種哲學體系經常截然不同，論點互相衝突，無法彼此截長補短，不過卻能以思想家以賽亞．柏林（Isaiah Berlin）所說的那種方式並存。

我認為會出現這種不相容的現象，正是由於這麼多哲學家都不惜代價地堅持自主，都不願承認自己受惠於他人，有時他們還會聲稱不願意閱讀其他哲學家的作品。雖然在科學上，批評過往、採納解釋範圍更廣的假說就可以得到進步，但科學家永遠都以過去為基礎；至於哲學家，無論是否有創意，他們的心態都迥異於大多數的科學家。

康德、萊布尼茲、休謨和喬治．貝克萊（George Berkeley），全都堅稱自己之所以能對哲學做出貢獻，是由於他們能擺脫先人的影響，並且能無視於既往，追求自主之途。

路德維希・維根斯坦（Ludwig Josef Johann Wittgenstein）也是如此。他是哲學家的另一個典型：個性內向、特別重視獨處，聲稱自己幾乎不受到別人的影響，而他的自信當然主要來自於他的工作。一般公認他是二十世紀最有創意且最具影響力的哲學家。

維根斯坦在一八八九年四月二十六日出生於維也納，在五個兄弟和三個姊妹中排行最小。他的一位哥哥保羅・維根斯坦是鋼琴家，在一戰時失去了右臂，拉威爾曾為他譜了一首專為左手演奏的鋼琴協奏曲。路德維希・維根斯坦本人也熱愛音樂，成年後曾學習豎笛。他直到十四歲之前都是接受私人教育，隨後到林茲求學，接著又到柏林研習工程。

根據馮・賴特（G. H. von Wright）所寫的《維根斯坦傳》，他從一九〇六年離開學校到一九一二年在劍橋跟著羅素研究的這幾年，是一段焦躁且相當不快樂的摸索時期[16]。他的興趣從航空工程轉到數學，結識了德國數學家弗雷格（Gottlob Frege），後者建議他到劍橋跟羅素一起工作。羅素在自傳中對維根斯坦有生動的描述：「他熱忱、思考深邃，態度認真，而且有主導的作風，也許是我所認識最完美的傳統型天才。他具有一種只有摩爾*足堪比擬的純淨……他的生活充滿紛擾與煩憂，他的魄力驚人。」[17]

羅素說，維根斯坦常常半夜到房裡來找他，踱來踱去幾個小時之後，離開時宣稱要自殺。終其一生他都很悲觀，還有憂鬱的傾向。維根斯坦應該是有史以來最內向的天才，對他而言，內心的一切比外在世界的任何事重要許多。他的第一部大作《邏輯哲學論》寫於一戰期間，當時他是奧地利陸軍的現役軍官。羅素說：「他這種人在思考邏輯時，絕不會注意到彈殼爆裂這種小事情。」[18]

維根斯坦漠視社會習俗，不喜歡學院生活的閒聊，也厭惡社交偽裝。一九二〇至一九二六年，他在奧地利偏遠的鄉村當一名小學教師，他很願意鼓勵學生，但無奈性格易怒而且缺乏耐心，竟然被控虐待兒童。雖然他最後宣判無罪，但也放棄了教職。後來他坦承打過班上的一位小女孩，也感到慚愧，因為這個女孩跟校長告狀，而他卻否認自己的作為。

維根斯坦的父親在一九一二年就去世了，留下了一大筆錢給他，但維根斯坦戰後回到維也納，就把這些財富分給了兄姊。後來他必須前往海牙與羅素討論《邏輯哲學論》時，羅素不得不幫他變賣留在劍橋的財產，以支付到荷蘭的旅費。

一九二六至一九二八年，維根斯坦專心為姊姊葛蕾朵在維也納設計並建造了一棟房子，他的另一位姊姊荷敏透露，他實在太投入工作了，他仔細監督每個細節，而且要求

＊譯注：喬治．愛德華．摩爾（G. E. Moore）為英國哲學家，與羅素一同被認為是分析哲學的創始人，知名作品為《倫理學原理》。

每個接頭都要做得毫釐不差才行。荷敏說，「有件事最能證明路德維希對精準測量的嚴苛要求。當屋子終於完工，我們開始清理、準備入住時，他突然決定要把一間像大廳的房間天花板升高三公分。他的直覺是對的，而且大家都必須跟著做。」[19]

我們知道康德也有執著的強迫性，這是「圖案設計師」型的人都可能具備的性格，他們總是設法在經驗中找出意義與秩序。維根斯坦跟與康德一樣，不會受到別人的說法影響，美國哲學家諾曼．馬爾科姆（Norman Malcolm）寫道：「維根斯坦並沒有系統性地閱讀哲學經典，他只閱讀那些讓他全心信服的東西。我們知道他年輕時讀叔本華，至於斯賓諾沙、休謨和康德，他只偶爾瞭解一下。」[20]

比起康德，維根斯坦的社交生活貧乏多了，他不在學校用餐，漠視食物如苦行僧。他待在愛爾蘭時，也認為屋主供應的餐點太過精緻了。他只需要麥片粥早餐，蔬菜當午餐，晚上就吃一個水煮蛋。因此在愛爾蘭停留的時日裡，他的飲食大抵如此。[21]

維根斯坦對私生活三緘其口，他早期的筆記有一部分是用密碼寫成。對隱私的重視可能與他是同性戀有關，他曾愛戀數學家大衛．品生特（David Hume Pinsent），並把《邏輯哲學論》這本書獻給他，也曾鍾情於更年輕的法蘭西斯．斯金那爾（Francis Skinner）。他的男性朋友中，至少有兩位是跛子。對某些人來說，這種肉體上的殘缺具有不可抗拒的魅力。不過，某些瞭解維根斯坦的人似乎都確信他肉體上的貞潔。

無論上述是真是假，可以確定的是，他多半時候都是孤獨的。事實上，他曾在挪威的一棟小屋獨自度過了數個月；一九四八年，他也在愛爾蘭哥耳威灣旁的小屋獨處過一段時期。

維根斯坦比康德更受折磨，他更容易陷於憂鬱，而且永遠擔心自己心理是否正常。他固執、武斷、多疑，確信自己都是對的。他的性情接近妄想症，然而他自尊自重地漠視世俗的看法，不惜代價致力於真理的發現，藐視妥協，而且充滿知性的熱情，這些深深感動了與他接觸過的每個人。

維根斯坦與康德擁有許多相同的個性與態度，這些個性和態度都常見於極內向、不理會人際關係的創作家身上。他們沒有建立家庭或長久的親密關係，他們都很節制，不縱情於任何事物，他們幾乎都不受其他哲學家的影響，極力保有自主性；他們的自尊都源於他們的工作，而非別人的愛。

這兩位天才都有一種強迫性衝動，促使他們透過抽象思考來發現秩序、一貫性與意義，而賦予他們生命意義的，也正是這種對真理的追求。對這種熱烈態度造成刺激的原動力，很可能源於內心對潛在混沌狀態的自覺，也就是前文所提到的「崩潰的焦慮」，或對「行為失序」的恐懼。維根斯坦無時無刻不害怕自己會精神崩潰，而康德對秩序的強迫性要求，也表示了他很焦慮，雖然不像維根斯坦那麼嚴重，但也相去不遠了。

許多天才可能都基於類似的焦慮，才能全神貫注於秩序的追求。不過我們必須記住，這種追求的動力即使當初是因為恐懼崩潰才被激發出來，但後來也是因為所追求的事本身有趣，或因自認具備了某些值得專精的創意和天分，才會演變為一種自我推動的行為。

牛頓是另一個天才的例子。他的早年境遇相當惡劣，長大後變得個性古怪，中年則為精神疾病所苦。此後，他雖然始終處於孤獨之中，但精神狀態明顯穩定了下來。我曾寫過一篇長文討論牛頓的案例，他的異常性格及非凡成就之間的關係可以說既明顯又有趣，以下略提一二。[22]

牛頓出生於一六四二年的聖誕節，他是個早產兒。他父親是一名不識字的自耕農，在他出生前三個月就去世了。就我們所知，他母親或父親的家族從未出現過傑出的人才，直到三歲為止，牛頓擁有母親完整的照顧。事實上，他比一般嬰兒得到更多的呵護。然而美景不長，他母親在他三歲生日之後再婚，不僅帶來了小牛頓不想要的繼父，而且還把他丟給外祖母撫養。

牛頓強烈憎恨這種「拋棄」行為，他在二十歲寫下自白，列出他認為自己犯下的五十八項罪行，其一就是「威脅父母史密斯夫婦，揚言要將他們兩個連同房子一起燒了！」[23]

德裔美籍的心理學家愛利克・艾瑞克森（Erik Erikson）主張，一個人成長過程中最早碰到的核心衝突，就是「基本信任對基本的不信任」。每個人長大後多少都會有一種「失樂園」的感覺，但多數人都曾得到母親的照顧，而且時間長得足以讓我們在正常情形下，對他人擁有正常的基本信任。但是，如果一個小孩跟母親特別親近，而這份親子關係突然中斷了，而他又還沒長大到足以理解這種被「背棄」的理由，那麼他長大後就可能不再信任任何人，而且必須花很長的時間才能慢慢相信他人是可以信任的。

牛頓就是如此。英國數學家威廉・惠斯頓（William Whiston）繼牛頓之後，接任了劍橋大學的盧卡斯數學教授席位，他說，牛頓是我所認識的人中最畏懼、最小心翼翼，而且最多疑的人。[24]

從一六六一年第一次到劍橋的三一學院，直到一六九六年前往倫敦，牛頓簡直像個隱士，他除了潛心研究，幾乎不參與任何事物，也從不與人來往。他不願出版作品，因為他無法信任別人。他害怕批評家會傷害他，也害怕別人把他的發現據為己有。牛頓的傳記作家布洛德茨基（S. Brodetsky）寫道：

> 他不願出風頭或面對批評，而且不只一次婉拒將自己的名字跟作品的出版介紹放在

一起。他不希罕獲得大眾的尊敬，也惟恐自己因為名聲而被人際關係騷擾——他寧願不要有這些糾葛。顯然，如果沒有他人的敦促，牛頓不會公開自己的研究成果，即使在他解決天文學上最大的問題之後，他也沒有向任何人透露過。[25]

牛頓對於誰先誰後的問題非常敏感，天文學家約翰．佛蘭斯蒂德（John Flamsteed）與發明家羅伯特．虎克（Robert Hooke）都證實他曾與萊布尼茲有過激烈的爭吵。他極不喜歡承認自己受惠於他人的研究。

前文提到的那種內向的創作家，牛頓顯然也符合所有的標準。換句話說，他迴避人際關係，不讓自己的研究受到批判或細究，他強烈要求自主，他的自尊及個人的滿足都來自於工作。此外，他也出現了明顯的精神疾病。

剛過五十歲，牛頓就出現了短暫性精神病。有些人聲稱這個病是水銀中毒所致，因為他在實驗中常常用到水銀。但是，無論是否起於中毒，這個病讓他變得多疑，多疑到不僅跟朋友裴皮斯決裂，還相信哲學家洛克設計他，使他跟女人「糾纏在一起」。

這種妄想的發作期過後，牛頓就陷入了憂鬱。他在這段期間寫信給洛克，要求他原諒自己對他有苛薄的想法。不久，牛頓的病情似乎有了起色，他從劍橋搬到倫敦，成為鑄幣廠的理事，後來成為廠長。

他雖然一直保持單身，但他的名望卻為他帶來相當大的滿足及許多情誼。據說國王喬治二世及卡洛琳王后常常款待他。他繼續鑽研科學方面的進展，從事神學研究，並進行《古代王國的年代校訂》一書的撰寫。他於八十五歲去世。

康德、維根斯坦和牛頓這三位天才雖然成就各有不同，但都能在缺乏密切的人際關係下進行獨創且抽象的思考。事實上，我們大可以說，如果他們有妻小有家室，就不可能擁有那些成就。高度的抽象概念需要長時間的孤獨與極度的專注才能理解透徹，一個人若有配偶和子女的牽絆，很難專注地獨處。

精神分析師明白指出了這三人在理論上的「不正常」，我也承認他們的行為超過所謂「精神病理」的一般現象。不過，他們都很長壽，而且對人類的知識與知性做出了重大貢獻。**我認為，他們如果不是極端的孤獨，就不會有這些貢獻**。如果他們能夠或比較喜歡在愛情而非工作中尋求個人的滿足，他們是否會比較幸福？這個問題我無法回答。

但是必須強調的是，這些天才如果未能發光發熱，人類世界肯定有所匱乏，因此他們的人格特性以及高度智慧，都應該被視為生物學上的適應性。這些人的精神病理現象，只不過是常人都有的特性被擴大的結果。每個人都需要在世界中尋找某種秩序，也都需要尋求自己存在的意義，那些特別專心於這種追求的人，證實了**人際關係並非尋求感情滿足的唯一之道**。

第十一章

第三時期的創作

在我的小說裡，音樂就如同所有的藝術，使個人能脫離同儕的社會交往，使他察覺自己與他人的區別，最後給予個人生命的意義，無論他對社會是否忠誠，甚至無論他對人是否忠誠。這就是繼續生存的那個小節，永不消亡……。*

——阿歷克斯・阿倫森（Alex Aronson），致力於人道救援的荷蘭人

在生命之初，生存必須依賴「客體關係」。嬰兒無法照顧自己，他們在很長的幼年期都需要依賴他人的照顧。而到了生命晚期，情況則正好相反。雖然疾病或傷殘使得老年人在肉體上必須依賴他人，但感情上的依賴卻逐漸減少。老年人對人際關係比較不感興趣，他們喜歡獨處，而且漸漸專注於自己的內在世界。

我的意思不是說，老年人不再關心他們的配偶、兒女或孫兒女了，我只是指出，這種興趣的強度明顯減弱了。老們對他人的客觀性增加，認同感減少，這也許就是祖孫關係經常比親子關係來得融洽的原因。子孫輩不會覺得祖父母像父母那樣對他有那麼多的期望，因此能與祖父母建立起一種較為輕鬆、較不互相要求的關係。

這種關係強度的改變，部分是由於不再那麼堅持性慾的重要：性慾驅使多數男女去追求親密關係，直到他們進入中年或者更大的年紀。這或許是大自然的恩典，使一個人在所愛的人無可避免一個個死去時，不致於那麼痛苦。

人類是唯一能察覺死之將至的動物，而且在察覺之後，很巧妙地變得專心致志，他準備就死的方式，就是讓自己擺脫世俗目標與依附，轉而開發內在的心田。

榮格與佛洛伊德都歷經了這種轉變，他們活到八十多歲，晚年幾乎放棄心理治療方面的興趣，而偏愛人性的想法和理論。老年人有將同理心轉為抽象思考的傾向，他們不去涉入人生的「戲劇」，比較關心人生的「圖案」。

對終生的興趣一以貫之的人所留下來的作品，最能顯示出這種轉變及人性的其他層面。一般來說，如果天才活得夠久，他們風格上的改變總是很明顯，因此他們的作品習慣上被劃分為幾個時期，常用的說法是「第一期」、「第二期」及「第三期」，或「早期」、「中期」及「晚期」。第三期或晚期與本書的主題有關，在這個時期，他們往往不再關心與他人的溝通，而專注於需要孤獨深思的作品。

一位藝術家的生命中，前兩個時期的意涵並不難確定。即使最有天賦的創作者也必須學習技巧，而且勢必會受到他們老師或前輩的影響。因此，第一期的作品無疑是天才之作，但此時藝術家通常還未完全挖掘出自己獨特的聲音。

美國藝術史學者貝倫森（Bernard Berenson）對天賦的定義是「對自己的學識產生了創作性反動的能力。」[1] 一位藝術家在建立自信後，就有勇氣擺脫過去不適合自己的東西，從而進入第二期，也就是清楚展現技藝及個性的時期。在這個時期，通常會明顯把自己想表達的思想和情感，廣泛地傳達給大眾。

第二期可能會佔去了一位藝術家的大半生時光，但許多天才都活得不夠久，創作無法進入第三個階段。以作曲家為例，莫札特、舒伯特、浦賽爾、蕭邦及孟德爾頌都英年早逝，因此儘管他們早熟得驚人，卻沒有時間表現出貝多芬和李斯特作品中的那種轉變。

貝多芬活到五十七歲，以現代標準來說並不算長壽，卻足以創作出可劃分為前述那三個時期的作品。（當然，有些音樂學者可能反對這種簡單的劃分法，但廣義而言，一般愛樂者都可以聽出各個分期的不同意涵。）

貝多芬的絃樂四重奏很自然分為三組。第一組的六首，也就是作品十八號，著手於他二十八歲那年，在一七九八至一七九九年間陸續完成。前三首出版於一八〇一年六月，後三首則在四個月後問世。雖然沒有人能譜出這種傑作，但音樂史學者柯孟（Joseph Kerman）卻說：「這些作品顯然有海頓的痕跡，也有強烈的莫札特風。」[2]這些當然是愉快的樂曲，但若以後來的四重奏為基準，就稱不上是「真實的」貝多芬了。

獻給俄國拉蘇莫夫斯基伯爵的三首四重奏（作品五十九號之一到之三），加上作品七十四號的《豎琴》四重奏，以及作品九十五號的F小調四重奏，通常被歸為「中期的」四重奏。拉蘇莫夫斯基四重奏寫於一八〇四至六年；作品七十四號是一八〇九年，九十五號則是一八一〇年。

一八〇〇年代最初的幾年是貝多芬最為活躍的時期。譜於一八〇三至四年的《英雄》交響曲代表了交響樂的全新風貌，大部分寫於一八〇四與一八〇五年的《華爾斯坦》和《熱情》奏鳴曲，也迥異於已往的鋼琴奏鳴曲。值得一提的是，這些「英雄式」作品都是在《海利根施塔特遺書》之後完成。前文提過，這份遺書寫於一八〇二年，當時貝多芬的耳聾已相當嚴重，也越來越孤僻，但他後來在風格上的改變卻不能單純歸因於此。

拉蘇莫夫斯基四重奏也顯示出這種風格上的分野，展現出貝多芬的力道、活力、自信，以及他描述感情最深處的能力。（不妨比較五十九號之一與之二動人的慢板樂章，以及五十九號之三快活的終曲樂章。）這些美妙的四重奏不但表現出純屬個人的風格，也不同於作品十八號，雖然後者的確是愉快的樂曲。

在一八〇六與一八〇九年間貝多芬完成第四、五、六號交響曲、小提琴協奏曲，以及第四、五號鋼琴協奏曲，還有不少小型樂曲。《豎琴》四重奏在一八〇九年寫成，之所以有這個名稱，是由於第一樂章中樂器交相出現類似豎琴的撥奏樂段。這雖然是首美麗的曲子，但或許應該視為沒有重大革新的過渡性作品。

然而，接下來的作品九十五號F小調四重奏可就不同了。這是一首簡潔有力、幾乎是激昂的樂曲，貝多芬名之為「莊重的四重奏」。這個作品雖是一系列「中期」四重奏的最後一首，但有些樂評認為它的精神接近「最後的」五首四重奏：「依作者及其他人的看法，貝多芬到第二個時期結束為止，藝術成就的最高點就是F小調四重奏。」[3]

接下來的那組四重奏，也就是「最後的」五首四重奏，直到一八二〇年代才著手進行，這也許是因為其中的第一首（作品一二七號降E大調）雖然始於一八二二年，但是貝多芬為了先完成第九交響曲，將之擱置到一八二四年。五首之中的最後一首（作品一三五號F大調）寫於一八二六年的八月和九月。作品一三〇號的最終樂章完成於那年秋天，是貝多芬最後的創作，他在出版商的堅持下譜出這個樂章，以取代原先的「大賦格」。

貝多芬在一八二七年三月去世。馬丁・庫柏（Martin Cooper）評論貝多芬晚期風格這麼說：

> 毫無向聽者讓步的跡象，一點也不想抓住聽者的注意力或維持聽者的興致。作曲者只與自己溝通或凝思想像中的現實，（可說是）邊構思邊表現，只關心自己思想的純粹本質及音樂的過程，思想本身與這些過程也常常無法分辨。[4]

最後的四重奏中間三首，也就是作品一三二號A小調、作品一三〇號降B大調及作品一三一號升C小調，有很長一段時間都被認為難以理解。A小調四重奏有五個樂章；降B大調有六個樂章；升C小調則有七個樂章，這些樂曲經常突然改變速度，不同的主題意外並列，音樂的流動也常驟然中斷。柯孟在討論作品一三〇與一三一號的文章中就冠以「分離與整合」這樣一個啟人深思的標題。

他先討論激昂的「大賦格」，也就是作品一三〇號原來的終曲樂章，接著寫到：

整體看來，我覺得貝多芬似乎想用連章的形式進行某種新的秩序或一貫性，與從前作品中傳統的心理過程，有著明顯不同的秩序。這種新秩序並不容易理解，因為在降B大調四重奏裡，這個新的想法沒有完全實現。[5]

我們可以在塞利文（J. W. N. Sullivan）撰寫、出版於一九二七年的《貝多芬》一書中找到有趣的類似說法。他討論了傳統奏鳴曲形式在心理過程與表達的意義，接著說：

但是，在我們所討論的這些四重奏裡，這種曲式都無法呈現貝多芬的經驗。在他的樂曲中，各樂章間的聯繫比四個樂章的奏鳴曲更有組織，在這些四重奏中，各樂章都好像從一個中心經驗向外輻射。這些樂章不代表一個歷程中各自獨立存在的階段，它們是一個個獨立的經驗，但表現在整個四重奏裡的意義，卻都源於一個主導的中心經驗。這是神秘的想像所具有的特色，在這個想像中，世上萬事萬物似乎在一個基本經驗中結合在一起。[6]

英國樂評家梅樂茲（Wilfrid Mellers）也以類似的用語討論〈狄亞貝里變奏曲〉，這首貝多芬最長的鋼琴作品發表於一八二三年。他說，這是一部圓形而非線形的作品……就像巴哈的〈郭德堡變奏曲〉，而且儘管兩位作曲家的手法有異，但都能從一粒沙看到一個世界，使我們覺得那種經驗是一個整體，渺小與偉大共存其中。[7]

塞利文比柯孟更相信貝多芬已經完整表達出他所力求的新夢想。以我一個非行家的看法，貝多芬並沒有完全達到那種境界。如果他能活得更長壽一點，我們就可能看到他在作品中把各種元素做更完美的融合處理，表現出他所追求的和諧。

多數人都認為他在升C小調四重奏（作品一三一號）裡最接近這種完美和諧，而貝多芬本人也認為這個作品是最好的。誠如索羅門（Maynard Solomon）指出的：

> 節奏的連貫，更讓人覺得這是貝多芬作品中整合得最完全者。但在這首四重奏裡，卻有許多可能造成不連貫的束縛：六個截然不同的主調、結構的多樣性，以及樂章裡各種不同的曲式——賦格、組曲、朗誦調、變奏、詼諧曲、抒情調及奏鳴曲式。在層層束縛下所完成的和諧境界，可說是一個奇蹟。[8]

最後一首四重奏（作品一三五號F大調）似乎重拾早期的風格，這也許是精神緊張之後的放鬆狀態，或已經達到平靜狀態的表現。這首作品終曲樂章裡的一個問答銘言——「應該是這樣嗎？應該是這樣的。」——可能沒什麼重大意義。貝多芬的傳記作者辛德勒（A. F. Schindler）認為，這與貝多芬不願支付家用有關。但是，貝多芬把那句話放在那樣的地方，或許可以說明他長久以來的叛逆已經與命運達成了某種妥協。

貝多芬最後的幾首四重奏，明顯表現出一位創作者在第三個時期的主要特色。任何第三期的作品都有某些共同特徵。第一，這種作品不像從前的作品那麼重視溝通；第二，常有反傳統的形式，而且設法在乍看下極端不同的元素之間建立起新的和諧；第三，沒有修辭，也沒有說服聽眾的必要；第四，這種作品似乎都在探索經驗深處，而這個經驗屬於個人內心或超越個人，而非人際的經驗。

換句話說，藝術家在第三個時期都深入自己的精神領域，並不在乎別人是否瞭解自己。這些特色不僅在貝多芬最後幾首四重奏裡顯而易見，也可從其他活得夠久的作曲家作品裡看見。

李斯特在七十五歲時逝世。去世之前的十五年間，他的音樂呈現了顯著的變化。從前的華麗已不復見，也不具備深奧的技巧——至少不會為了表現技巧而耍技巧。此時的他專注於匈牙利民謠，樂曲充滿了純真的田園風，沒有早期狂想曲的那種「貌似而神不似」。他也片面放棄了傳統的調性，比荀白克（Arnold Schoenberg）和巴爾托克（Bela

Bartók）都早了一步。

依照慣例，樂曲都先會鋪陳一個主題，接著利用各種調性來發展，以達到讓主題彰顯的目標。但李斯特摒棄這種作法，他嘗試強烈的對比與衝突，還利用持音踏瓣使音樂產生了印象派的效果。英國作曲家漢弗萊・塞爾（Humphrey Searle）說：

> 他的風格變得極為結實又極為樸素。樂曲中有很長的單音樂段，還有相當多的全音和弦，避免使用類似終止式的和弦。事實上，作品如果真的結束於一個普通和弦，和弦更常呈現轉位位置，不是根音位置，這樣就給人一種奇妙的不確定感，好像李斯特正走向一個他自己都不確定的新世界。他已重新擁抱他的初戀（鋼琴），因此大部分都是鋼琴作品，但是鋼琴家的那種絢麗已不再出現。他現在只為自己，而不為大眾譜曲。[9]

塞爾對李斯特晚期風格的評論，非常類似馬丁・庫柏對貝多芬晚期風格的看法。貝多芬與李斯特的作品風格幾乎毫無雷同之處，不過兩者在早期和中期都利用修辭去說服聽眾，但在最後的作品中也不約而同放棄了這種手法。

除了上述兩位作曲家，還有其他藝術家也是年紀越老就越轉向某種內在的發展。巴哈最後的重要作品《賦格的藝術》，可能就不是以聽眾為主要的對象。我們甚至不確定

《賦格的藝術》是為哪一種樂器或哪一種樂器組合而譜寫，也不確定它是否為純粹理論性而非實際演奏而寫成。美國人權牧師波義德（Malcolm Boyd）相信：

單是靠演奏，永遠也無法完全理解巴哈晚期的作品，即使有最富思想的演奏及最專心的聆聽態度，如果採取《風琴小曲集》或《四十八》（亦即《平均律鋼琴曲集》）的聽法，《音樂的奉獻》與《賦格的藝術》中的增時卡農聽來還是顯得枯燥、學究氣，甚至笨拙不雅。不過，如果閱讀總譜，而且能瞭解並思考樂曲中客觀理智的邏輯，就能領悟「無限」的奧秘。「無限」的數學之美，完全像希臘哲人季諾（Zeno）的「阿基里斯與烏龜」反論那麼逗趣。*這種音樂演奏可以提供某種程度的理解與欣賞，但是唯有透過研究，才可能完全領悟，而且在研究之後還得深思，因為這種音樂境界遠離了「人間音樂」的世界，而在那個境界，音樂、數學，以及哲學，都合為一體。10

我們再度看到一個人在生命快要結束時，興趣逐漸轉向「圖案製作」及與人無涉的領域。即使是理查．史特勞斯這位浪漫的作曲家，也有這種傾向。在他七十八歲到八十四歲去世的那些年間，他完成了第二號法國號協奏曲、第一號及第二號管樂器小奏鳴曲、二十三支弦樂器演奏的《變形》、雙簧管協奏曲、豎笛與低音管雙協奏曲，以及最後四首歌曲。莫斯寇・卡納（Mosco Carner）評論說，除了《變形》，其他都是小品。

然而，史特勞斯年輕時所表現的古典傾向，在他年正八旬時又顯露了出來，而且終生累積的藝術經驗與人生經驗，使之變得成熟而豐富。這種新古典傾向表現在諸多方面：轉向純粹器樂的創作、避免激昂的表現並強調優雅精鍊的技巧、呈現對稱主題，以及「老式的」終止式；明顯偏好全音音階，而且記譜清晰——這種簡約且經濟的記譜法在歌劇《黛芙妮》與《卡布里奇歐》裡就已經出現，與史特勞斯交響詩及多數歌劇作品中華麗冗贅的記譜法，恰為強烈對比。史特勞斯晚期最重要的作品《變形》，就把這幾方面的最大特色都表現出來了，至於各音部對位交織的驚人技巧，更不待言。11

布拉姆斯跟莫札特一樣，在生涯晚期從一位才華洋溢的豎笛演奏者那兒得到靈感。一八九一年，他在德國麥寧根首次聽到理查・慕菲爾（Richard Mühlfeld）的演奏，後者

＊譯注：阿基里斯是希臘神話中最偉大的戰士。季諾這則有名的反論是：在一項比賽中，烏龜總是先出發，阿基里斯所到之處，烏龜都早就來過了，因此阿基里斯永遠也無法趕上烏龜。這種情形就像卡農，導句永遠領先，伴句永遠隨之在後。

的技巧激勵他譜出了豎笛三重奏、豎笛五重奏，以及兩首為豎笛（或中提琴）與鋼琴而寫的奏鳴曲。

布拉姆斯本人偏愛三重奏，但是多數樂評認為他的五重奏才是他最好的作品，不過關於這個作品給人的感覺卻眾說紛紜。有人認為這些樂曲帶有無奈的懷舊風，以「帶有秋意」來形容；而英國作曲家辛浦森（Robert Simpson）認為其中泛著隱隱的憂鬱；摩多克（William Murdoch）則表示這些樂曲有興高采烈的氣氛：「雖然描述個人的心聲，但充滿了溫暖的色彩，豎笛使之更顯熱情，讓人幾乎不敢相信曲中雖表現出勃勃的年輕生機及熱戀的魅力，但作者已不再是個充滿生命喜悅的年輕人了。」[12]

一八九三年，布拉姆斯出版了作品一一九號，也就是最後一套鋼琴獨奏曲集。作曲家譜曲時經常開始於小調，結束於大調，這是勝利或快樂「回家」的一種方式。值得一提的是，降E大調狂想曲，也就是一一九號的最後一首，也就是布拉姆斯最後的鋼琴獨奏曲，卻顛倒了一般的順序。這首曲子是從大調開始，結束於小調。

布拉姆斯像五十年後的理查．史特勞斯一樣，他所完成的最後四首歌曲，也就是一八九六年寫的《四首嚴肅的歌曲》，其歌詞雖取自路德版《聖經》，但經過精挑細選，因此並不與布拉姆斯的不可知論有所衝突。

第一首歌詞來自〈舊約．傳道書〉第三章十九至二十二節，其中的意涵與本書主題相當貼近，我忍不住在此引用。

〈傳道書〉的作者先是聲稱人不優於獸，因為兩者都必有一死，接著說：「誰知道人的靈一定上天，而獸的靈就一定入地？因此我看人的好，莫好過於以自己的仕事為喜樂，因為那是他的本命：因為，誰能帶他回來看他的身後事呢？」

布拉姆斯最後的作品是一套《風琴聖詠前奏曲》，共有十一首，這部作品讓丹尼斯．阿諾德（Denis Arnold）與富勒．梅特藍（Fuller Maitland）想起了巴哈。前者認為這些曲子有平靜內斂的風格，讓人聯想到巴哈。[13]而後者在評論最後一首時寫道：「我們必須承認，其他大作曲家，沒有人在臨終前還為這個世界留下美得如此優雅動人的心聲。最後的數個小節裡，出現了一個鮮活且表情美妙的終止式，即使布拉姆斯本人也從未譜出這樣的樂段，這讓我想起巴哈……。」[14]

理查．史特勞斯和布拉姆斯的晚期作品都顯現了第三時期的特色：沒有刻意的修辭，沒有說服的必要，偏好與人無涉的境界，而非與人有關的領域。但他們晚期的音樂也顯露出一種懷舊傾向，這在貝多芬和和李斯特的作品裡是見不到的。我覺得這是由於兩人私底下都是謹小慎微又遲疑不決的人，生活過得很不盡興。懷舊近似於多愁善感，通常都表示錯失良機的遺憾，而非對過去的實際成就或歡樂表示後悔。

布拉姆斯是個謹慎的人，尼采說，「他的憂鬱是那種自認無能的憂鬱」。[15]他雖然真心愛著克拉拉．舒曼（她比他年長十四歲），也曾與幾個女人有過戀情，但是從未全心全意表明態度，最後也終身未娶。他毀掉所有習作及他覺得不夠格的作品，研究者拉坦（Peter Latham）說：「他好像害怕這些作品將來會因為某種原因，而被拿來當作不利於他的證據。」[16]

與克拉拉共度人生的希望落空之後，布拉姆斯與艾嘉德．希寶展開了一段情，但在一再被問及結婚意願之後，就毅然與她解除了婚約。認識布拉姆斯的人都注意到，當他年紀越長就越沉默而孤僻，總是把真實情感隱藏在那面粗魯且嘲諷的高牆後方。布拉姆斯天生的性情比前一章討論的哲學家更為誠懇，而且更富感情，卻因為受挫又遭拒而無法享有完滿的感情生活，難怪他晚期的音樂帶有如此懷舊與遺憾的氣息。

至於理查．史特勞斯，他的人生也不完滿。他娶一位歌手為妻，隨著年紀漸長，她妻子寶琳變得越來越跋扈、貪婪、勢利且暴躁。我們只要看看他們的結婚照就可以猜到他們的關係。認識寶琳的人都不喜歡她。她的性格剛愎自用，要求丈夫必須先在三套門墊上把腳清理乾淨才可以進屋子；僕人若沒有把放置床單和毛巾的櫥櫃整理得有條不紊，她就大發脾氣。對這麼專横的控制，史特勞斯或許有一種受虐狂的樂趣，雖然他有五部歌劇都以忠貞為主題，但據說他與《莎樂美》一劇的某位首席女高音還有過婚外情。

史特勞斯的意志薄弱，樂見希特勒的興起；他支持納粹的宣傳部長戈培爾（Joseph P.Goebbels）打擊作曲家亨德密特（Paul Hindemith）與指揮家福特萬格勒（Wilhelm Furtwängler）。當指揮家華爾特（Bruno Walter）受到納粹的威脅時，史特勞斯取而代之；托斯卡尼尼（Arturo Toscanini）拒絕在德國指揮，史特勞斯也接替了他的位子。

在他創作那些豐碩的晚期作品之前的二十五年，他幾乎沒有完成任何重要的作品。史特勞斯自私自利，他最大的興趣就是金錢及推銷自己的作品。托斯卡尼尼曾說：「我願意為作曲家史特勞斯脫帽；但面對史特勞斯這個人，我會將帽子戴上。」[17]他的歌劇《艾蕾克特拉》與《莎樂美》雖然充滿了恐怖暴力與性變態，但他本人卻羞怯而懦弱。難怪他的晚期作品美則美矣，但是懷舊之情多於妥協或整合的意味。

美國小說家亨利．詹姆斯（Henry James）的「第三時期」特別有趣。他最後的三部小說《大使》、《鴿子之翼》及《金碗》，甚至比中早期的風格更為繁複，部分是由於這些小說都是口述而成，而非手寫，修改工作比較容易完成，而不斷修改也成了一種習慣。

我們也許該慶幸詹姆斯在世時，文字處理機尚未被發明。由於詹姆斯極力避免作品中出現可預期的內容，因此行文含糊且難以理解，當他的讀者要比其他小說的讀者更加專注，才能捕捉到詹姆斯作品中隱諱曲折的思想。

有趣的是，他在《大使》一書中，不但專注於第三時期特有的圖案與秩序，也堅決傳佈「活得徹底」這個信條；而其他藝術家通常在早期作品才會出現這種現象。他在寫《大使》時五十七歲，正當貝多芬去世的年紀。詹姆斯自己挑出主人翁在第五篇講的一段話作為本書的中心思想：「盡你所能過活，不這樣做的話就錯了。只要你擁有你的人生，做什麼都無所謂。如果你沒有人生，那你還有什麼呢？」[18]

詹姆斯自己一直未能遵守的，居然就是書中所說的這道令諭。但是，一八九九年他在羅馬停留時遇到了亨德利克．安德森（Hendrik Andersen）這位年輕的挪威裔美國雕塑家。詹姆斯向他購買了一座半身雕像，並邀請他前來共處，安德森後來果然去了三天。依照美國文學評論家利昂．埃德爾（Leon Edel）的看法，詹姆斯已經察覺到自己除了家人外，從未對別人產生像對安德森這樣的感情。此外，詹姆斯給安德森的信中，也比他以前的書信更常提到肉體的愛慕；詹姆斯向來怯於性事。

他一直歌頌人類的心智和情感，而不重視肉體……我們推敲這個微妙曖昧的跡象時也必須謹記，在此之前，詹姆斯都像是透過一塊玻璃板在看世界，而安德森似乎幫助詹姆斯走出了那面保護板。我們或許可以說，安德森讓詹姆斯見識到感官的知覺，而且比以前更為真實；或許雕塑家強而有力的指觸給了詹姆斯一種從前不容許自己去感覺的肉體親密與溫暖。我們在他信中讀到的就是這個。[19]

因此，詹姆斯的第三時期創作是不正常的。隨著年紀增長，肉體生活不但未曾稍減，反而突然對他產生了衝擊，而成為愛情中非理性卻可取的一部分。這是他自覺早年未能抓住的東西，而這東西確實讓他覺得失去了生命中某個重大的什麼。

《大使》的主題雖然是主人翁司垂德那個「盡你所能過活」的令諭，但這部小說也顯現出一種對稱的圖案。五十五歲、情感壓抑的司垂德從美國被派去挽救一位年輕的美國人查德．紐森，讓他遠離巴黎生活對他的壞影響，尤其要讓他逃離薇兒奈夫人的掌控。然而，在司垂德見過薇兒奈夫人、自己也感染了歐洲的自由氣氛之後，他就放棄了這個營救任務，甚至鼓勵這位年輕人留下來。此時查德的態度也轉變了。剛開始，他拒絕離開法國，後來卻熱切接受回美國做事的主意。小說的兩位主角就這樣交換了立場。

拉爾夫．諾曼（Ralf Norman）曾經研究詹姆斯小說中的這種模式，他認為上述那種變換是「交叉倒置」的例子，也就是「A改變且變成從前的B；同時B也改變，變成從前的A。」[20]這種交叉就像腦部下方的視交叉，在此視交叉處，視神經束的某些纖維與來自另一方的視纖維交叉會合了。

詹姆斯最後三部小說之前的作品《神聖之泉》就源自這種模式，但刻意的舖排讓我讀不來。他在一八九四年的《筆記之三》裡記載了英國作家布魯克（Stopford Brooke）建議的構想如下：

這個想法是，這個年輕人與一個較年長的女人結婚，結果她在他的影響下變得越來越年輕，而他則變成她的年紀。當他到達「她」結婚時的年紀，她已經回到「他」原來的年紀了。——（或許）這個不能改成聰明與愚蠢的構想嗎？一個聰明女人嫁給一個愚鈍男人，她逐漸失去聰明才智，而他則越來越……21

然而，這類型的模式設計不全然是刻意鋪排所致。諾曼指出，詹姆斯的最後一部小說《金碗》就是以多重的交叉倒置模式為基礎。書中的四位主角分別是美國鰥夫亞當．韋佛、他女兒瑪姬、亞美利哥親王，以及夏綠蒂．絲妲特。瑪姬嫁給親王並說服父親娶夏綠蒂，以彌補後者的損失。然而，由於顧念父女之情，他們依然長時間相處，親王與夏綠蒂因而舊情復燃。故事的最終由瑪姬來結束這種狀況，她把父親和夏綠蒂迅速送回美國，她和親王則留在歐洲。這四個人物彼此接觸，形成新的伴侶關係，回復到先前的模式（只不過加上姦情），最後則安於當初相遇之後所建立的伴侶關係。

令人稱奇的是，這個明顯的人為模式並沒有像《神聖之泉》那樣抹殺了其中的情感。作者在追求美學的對稱時，也能真正欣賞人類的熱情。而且誠如埃德爾所說的，詹姆斯第一次覺得或許能把歐洲的舊世界與美洲的新世界結合在一起，他的確做到了這點。

詹姆斯的人格原型似乎難以分類。他具備同情心，也極為關心情感問題，但總是設法保持冷漠。如果依照霍華德．加德納常用的分類，那麼詹姆斯既是戲劇家，也是圖案設計師。當他年紀越長，越是透過對安德森的欣賞而自覺受到愛情的肉體面吸引。這種自覺使他傷心，也使他的胸懷變得寬廣。我認為這種自覺不但在《金碗》中使得對立的狀況得以整合，也讓這本豐富且大膽的小說不致於被基本的美學模式所淹沒。

〈叢林猛獸〉寫於一九〇二年，是詹姆斯最有力且最具悲劇性的故事，同時具備明顯的自傳性質，因為作者在文中對過去生命的錯失表達了強烈的後悔，他遺憾自己一直緊抓著內心的顧慮，而不敢徹底放手去愛。

這個故事的主人翁是約翰．馬裘，他一生始終確信有個特殊而不尋常的經驗正在等著他，他說，這個經驗就像在叢林裡跟蹤他的一頭野獸那樣，會在某個時刻伺機出現。他曾向一位女子吐露這個秘密。十年後，當他們再度相遇，她向他提起這個秘密，並詢問他生命中是否有什麼已經發生了變化。他回答說，沒發生什麼，但他仍預感某種東西可能會突然出現在他生命中，某種他認為會消滅他或改變世界的東西。當他說著這些話時，女子大膽猜測，他正在期待但無法描述的，正是許多人都熟悉的東西：那就是墜入情網的危險。但約翰駁斥了這個想法。

在接下來的許多年，他們仍然花很多時間相處。最後，這個女子死了。她曾明白地向他表達愛意，但他一直沒有回應，甚至察覺不到這份心思。現在她死了，他才領悟到叢林的那隻野獸就是在那時躍然出現的。

要逃離那隻野獸，就是要愛她；果真如此，「當時」他一定活下來了。「她」已經活過——誰知道她是用什麼樣的熱情在活？——因為她愛過他；然而，他除非自己陷入沮喪，除非念及她的好處，否則從來沒有想過她（啊呀！那隻野獸多麼恐怖地怒目注視著他！）[22]

約翰跪在女子墳前，他在自己殘酷的真實面貌裡看到他該做的和已經做的。他看到他的人生叢林，也看到了那隻潛伏的野獸。然後他注視著，察覺到這隻野獸好像隨著一陣空氣的微動出現，既龐大又轉變為暗影。此時，它已近在眼前，接著他在幻覺中本能地想避開它，於是猛然地俯身撲向墳墓。[23]

詹姆斯給英國小說家休．沃波爾（Hugh Walpole）的一封信中寫道：「我想，我對自己在敏感的青年期所做的「踰矩」行為，一點都不覺得後悔。我只後悔在那些冷淡冷漠的時期，某些機會和可能發生的事，我都沒有抓住。」[24]

詹姆斯最後的幾部小說中，也表現出某些第三期的特色。他維持著細膩的風格，我們可以說他不那麼在乎是否直接與讀者溝通，也不想努力說服讀者。圖案與秩序雖然始終出現在作品裡，但在《大使》和《金碗》裡，這些元素幾乎無所不在。

然而，詹姆斯卻不像本章提到的藝術家，他不那麼極力去探索遠超過個人經驗的領域。他在晚年才接納了愛情中的肉體成分，他的作品也因此更為豐富。不過，巴哈等其他藝術家到了這個年齡，都早已體驗過生活中的這一面，而且似乎都在設法超越。就這層意義而言，詹姆斯也是在迥異的成分之間獲得了一致與和諧。埃德爾說：

「盡你所能過活」一直是《大使》一書的中心思想：人都必須學習帶著自由的幻想過活。沒有愛的人生，就不算是人生。這就是《鴿子之翼》的結論；詹姆斯找到愛之後，終於瞭解到，沒有愛，藝術就不是藝術，也不是人生。他本身就是人面獅身的斯芬克斯，他為自己的謎語找到了答案。[25]

第十二章

完整性的渴望與追求

肉體雖是塵土，不朽的靈魂卻成長如音樂的和聲。冥冥中，一種奧妙的巧藝正調和那些不諧的元素，使它們凝聚為渾然一體。*

——華滋華斯，英國浪漫主義詩人

在柏拉圖的《饗宴》一書中，希臘戲劇家亞里斯多芬尼斯（Aritophanes）認為應該讓觀眾瞭解愛情力量的奧秘。他從神話說起，人類最早原本有三種性別：陰陽體、男性與女性。男性來自太陽，女性來自地球，陰陽體則來自兼具太陽與地球性質的月亮。每個「人」的體態都是一個完整的球體，有四條腿和四隻手，可以四面八方立著行走，也可以轉圈子跑。

當初這些「人類」非常自大、傲慢而有力，對神祇構成了威脅，於是諸神只好共商約束之策。宙斯決定把「人」一分為二，後來又經過處置，使他們必須透過性交才能繁殖，不像以前射精到地上就可產生後代。

人類被一分為二之後，每一半都不得不尋找配偶，以恢復原來完整的狀態。男性找另一個男性，女性找另一個女性，陰陽體則找一個性別相反的配偶。「愛，就是完整性的渴望與追求。」亞里斯多芬尼斯如是說。[1]

柏拉圖的神話影響深遠，幾世紀以來，浪漫文學主要的靈感及無數小說的高潮都是這麼一個概念：與另一個人在性的方面合為一體，我們才算完整，也才算成全了我們自己。

多數人仍然深受神話的影響，認為這個道理相當真實。特別是年輕時與愛人在性方面合而為一，的確給人一種其他經驗無法比擬的圓滿感，即使這種感覺轉瞬即逝。但是，要獲得和諧一致，性只是眾多方式之一而已。

佛洛伊德認為無論男女，生活滿足的主要來源都是性，也認為心理障礙會阻礙性的成熟，從而造成精神官能的問題。但是，他也懷疑人在感情上是否真的可能達到完全的滿足。他在一篇早期論文中寫道：「我們必須考慮到，性本能的某種特質，可能對完全滿足的實現不利——無論這個論點聽來多麼奇怪，我是這麼想的。」[2]

儘管如此，佛洛伊德在當時也認為，當性衝動受阻於文明的禁忌而無法宣洩時，就會昇華並產生文化上的成就。不過，佛洛伊德及其後繼者仍然視性滿足為一種理想。

然而，戀愛經驗並不只是渴望或完成肉體上的合一。戀愛對多數人而言，是感情經驗中最具驅策力的一種。戀愛中的人通常會有一種忘形的一體感，感覺與外在世界及內在自我合而為一：這種合一感因為遇到所愛的人而被誘發，也會因為愛人的存在而持續，但不一定需要肉體上的接觸。

戀愛通常被認為是最密切、最親密的一種人際關係，但這是一種心態，一旦被觸發，不需要與愛人有實際的接觸，就能持續上好一段時間。在這種心態下，整個世界似乎都帶著微笑。雖然這可能只是一個人內在幸福的投射，但他若對這個世界很滿意，他在實際上就比較能適應。全世界都喜歡戀愛的人，戀愛的人也會喜歡全世界。

我在第五章以擬人的觀點說明，那些能夠完全適應環境的動物，可以說是「幸福」

的。我覺得戀愛中的人似乎也能體驗幸福，因為他們在短暫的一段時期中會感覺自己完全適應了周遭的世界，而且內心有一種忘形入神的平和與合一感。只要維持戀愛的狀態，現實與想像的世界似乎就沒有落差了。「想像的渴望」會暫時得到滿足。

這種現象與性的迷戀不同。性交有時是一種非常有滿足感的經驗，會給人帶來一種平和的輕鬆感，但是「戀愛」卻是一種不同的情況。忘形的狀態不同於性高潮，而戀愛的心態則比較近似忘形，而不太像性高潮。誠如英國作家瑪嘉妮塔・拉絲基（Marghanita Laski）在《忘形》一書指出的，沒有正常性生活的人，才會用性的意象來描述忘形的狀態。[3]

佛洛伊德當然覺察到性滿足及戀愛中的一體感有所不同，但他推崇前者而貶抑後者。第三章提到佛洛伊德與羅曼・羅蘭針對「大洋似的感覺」所作的討論，佛洛伊德把那種大洋似的感覺稱為「一種不可分解的感覺，一種與外在世界合成一體的感覺。」[4]接著，他又把這種感覺比擬於戀愛：「熱戀時，自我與對象的界線有逐漸消失之虞。一個戀愛中的人會憑著自己的感覺認定你與我是一體的，也積極表現得你和我真的合一似的。」[5]

佛洛伊德認為天人合一的感覺類似與愛人合為一體的感覺，這沒問題；但是他排斥這些經驗，認為這個經驗只是退回到不成熟期的幻覺，我就不敢苟同了。

和宇宙全然融合的感覺，與另一個人全然融和的感覺，以及與自我全然融合的感覺，互有緊密的關聯。事實上，我認為這些感覺本質上是同一種現象。這些經驗的原動力有許多種，拉絲基列出了最常見的幾種：「大自然、藝術、宗教、性愛、生產、知識、創作工作、某些操練」[6]。第三章中，柏德少將對天人合一感的描述就是典型的例子，那種感覺的原動力是孤獨、寂靜，加上南極的壯麗風景。

這種經驗也可以在沒有外在刺激的孤獨狀態中自然發生。創作的過程與這些超自然的經驗有著極為密切的關係；一個人對過去似乎不可解的事情突然有所理解了，或者把一些貌似迥異的概念互相連結起來，使之變成一個新的和諧體，都與這些超自然經驗有關。

柏拉圖的神話點出了人類的處境，把人描述成一種無時不在尋求完整性或一體性的不完整生物，但他卻把這種一體性侷限在性關係之上。事實上，甚至像數學這種與人無關的東西，也能觸發豁然貫通或茅塞頓開等超自然經驗。羅素就描述了這樣的時刻：「我十一歲開始讀歐幾里得，找我哥哥充當我的老師。這是我人生的大事，簡直像初戀那麼令人目眩神迷。我沒想到世界上會有如此美妙的事。」[7]

愛因斯坦十二歲時也同樣被歐幾里得所感動，他在那年的學年剛開始時收到了一本解釋歐幾里得平面幾何的書。

C·P·史諾早期的一部小說中有很好的例子，說明了科學發現所引發的那種大洋似的感覺。同個例子也被拉絲基用在《忘形》一書裡，藉以強調她的論點，那就是，雖然性高潮的經驗與忘形的經驗有部分雷同之處，但後者是一種不同的狀態。在史諾這本明顯具有自傳性質的小說裡，年輕的科學家一直在研究水晶的原子結構，而他剛剛確知其中的某些難題已經証明無誤。

當時我喜悅至極。我曾設法描述我因科學而激昂的時刻；我曾描述父親談星星的那個晚上、呂阿爾的課程、奧斯丁的公開演講，以及我結束第一篇研究論文時的情況。但是，這次與那幾次都不相同，全然不同，種類也不同。我的勝利、喜悅和成功都在那裡，但比起這種平靜的忘形感，那些似乎顯得毫無意義了。好像是我在自身之外尋找一項真理，找到真理的過程，在瞬間變成了所尋求真理的一部分；好像整個世界，所有的原子與星星都奇妙地清晰可見，而且貼近我，而我也貼近它們，我們也因此同屬一道勝過任何神秘的光輝。

我從來不知道竟有這樣的時刻。過去當我心滿意足而為奧黛莉帶來喜悅時，或者因為和朋友有某個共同見解而得意忘形的剎那——可能一生也才一兩次——我或許感受過這種時刻的特性，但那些個瞬間都不算是經驗，只能說具有經驗色彩。

從那個時候以來，我再也沒有真正感受過那種時刻，但一次體驗就足以讓我終生受用。以前年輕時，神秘主義者如果描述那種與神合一或與事物融為一體的經驗，我總是報以嘲諷。但在那個奇妙的下午之後，我不再心存輕蔑了，因為雖然我以不同的方法去解釋，但我想我瞭解他們的意思。8

佛洛伊德把大洋似的感覺斥為一種退回到嬰兒期感情狀態而產生的幻覺。這種一致性或「完整性」雖不根植於肉體，但卻是一種充滿生機的體驗，一種人們努力達到的理想。對佛洛伊德而言，不容易在肉體找到根源，或不容易與肉體發生關聯的一些心理經驗，都會被斥為不真實，這是他思想上的限制。前文討論他對幻想的看法時，已經瞭解到他的這種態度。

精神分析剛發展成一種治療方法時，佛洛伊德不鼓勵為五十歲以上的病人看診，理由是多數人到了這個年紀都已缺乏改變精神過程的彈性。精神分析術需要一絲不苟重建過去的經驗，因此，佛洛伊德也認為那麼一大段人生所累積的大量素材，將使得整個治療過程變得永無止境。

現代的佛洛伊德學派雖然經常處理中年以上的病人，但是精神分析的主要走向一直是設法了解兒童期、青年期，以及個人如何擺脫父母的情感束縛。人生的這個階段也是性衝動最迫切的時期，所以在這個時期解決性方面的問題最是有效。

然而，無論你如何衷心贊同這個革命性論點——人在生物層面的主要任務就是繁殖——真正的事實是，人生，至少對女人而言，還有一大段時期不可能進行繁殖。因此，這不禁令人懷疑，繁殖的行為是否值得那麼推崇。榮格所謂的「人生後半段」，一定也有其他意義與目的。

中年期的問題因為榮格及其後繼者的研究才廣受注意。榮格對心理學及精神治療最重要的貢獻，就在成人發展這個領域。相較之下，他幾乎不重視兒童期，他認為兒童如果出現精神官能上的困擾，解決之道應該是探索他們父母的心理狀態，而非孩子本人。

榮格在一九一三年至一次大戰結束的期間歷經了他的人生轉捩點，因此開始對成人發展問題產生了興趣。本書第七章曾提到他這段充滿困擾的時期。

一九一三年七月，他三十八歲，已經結婚生子，更是馳名世界的精神科醫師。他一直希望能與佛洛伊德合作，發展出一門精神方面的新科學。但他的內在卻有一種反動力，驅使他去發展他個人的觀點。這種現象的第一個成果，就是一九一二年出版的《潛意識心理學》（如今收錄在作品集中的《變形的象徵》）。

榮格在自傳中說，他花了兩個月時間都無法提筆寫下最後的章節，因為他知道佛洛伊德會把這種分歧視為一種背叛。這兩位先驅後來彼此疏遠，我們可以從《佛洛伊德與榮格的書信往來》一書中勾勒出這段令人傷心的故事。

榮格是第一位讓大家注意到中年問題的精神科醫師，這個問題就是如今所熟知的「中年危機」。他本身的困擾迫使他長期進行自我分析，他記載了自己的夢與幻覺，其中許多都是危險的預警。不過，歷經這個危險期之後，榮格創造了屬於自己的觀點：追求內在意象的那幾年，是我一生中最重要的時期——每一種基本的東西都取決於那些意象。[9]

榮格自我分析的結果是：一個人年輕時的主要任務，就是脫離原生家庭，在孤獨的世界建立自我，最後自組家庭；但是中年的任務，卻是發現並表現出個人的獨特性。榮格對人格所下的定義是「一個人固有特性的極度實現」。[10]

這種探索基本上並不表示自大、自負或緊抓著自我不放，因為依照榮格的論點，當一個人承認精神中有一股非出於己身的力量在運作時，他的個性本質才可能表現出來。人在中年會患上精神官能症，是因為就某種意義而言，他們一直在違背自己，早已太偏離自然要他們走的路。只要謹慎聆聽精神的內在之聲（這種聲音顯現在夢境、幻想或其他潛意識狀態），迷失的靈魂就可以像榮格那樣，重新發現正途。病人所需要的態度或「姿勢」的確要具有宗教性，不過並不需要信仰某個神祇或遵循某種公認的教義。

榮格的父親是瑞士新教派的牧師，他一直以正統的新教教義來教養孩子，但榮格本人在童年時期就不再認同這種信仰。可以說，榮格後來的整個研究工作都表示了他企圖找出某種東西，以取代他所失去的信仰。這樣的推測或許有趣，但畢竟不是重點。榮格的觀念無論是否源於個人衝突，都不會再被確定或被否定。誠如他在一篇文章中所說的：「我的病人之中，已經進入人生後半場的每個人（也就是三十五歲以上），他們的問題最終無非是找出人生的一種宗教觀。這當然無關乎某一特定教義或教會。」[11]

由於佛洛伊德把宗教斥為一種幻覺，因此佛洛伊德派的分析師往往用這些陳述來證明榮格頑固不化的蒙昧主義。然而，誠如此派分析師克萊．勞福所指出的：

> 精神分析及那些把神置放在自身之內的宗教性闡述，兩者之間不見得不相容。事實上，你可以說，佛洛伊德的「本我」——非人格性的一種力，其中有著個人本身的核心和非本身的東西。人有病時就會與這股力疏離——是對悟性的非宗教性闡述，具有宗教信仰的人因這種悟性，才相信有一位內在的神存在。[12]

榮格後來專門治療中年人。他說，「我所處理的臨床病例有一種奇妙的現象：新病例明顯佔了少數。病人大都接受過某種心理治療，有的得到部分效果，有的完全沒有效果。大約三分之一的病人在臨床上都沒有明顯的精神官能症，但卻覺得人生毫無意義且漫無目標。如果這種症狀被稱為我們這個時代的一般性精神官能症，我也不會反對。整整三分之二的病人都已經進入人生的後半段，理性的治療方法對這種病情尤其無效。這也許是因為我的病人多數都很能適應社會，也有傑出的能力，正常化對他們來說，毫無意義。」[13]

這些人在榮格的指引下開始走上自我發展之道，榮格名之為「個體化的過程」。這個過程是往一個被稱為「完整性」或「整合」的目標前進。達到這種境界時，精神內部無論意識或潛意識的各種元素，都會融合成一個新的整體。

華滋華斯在詩作〈前奏〉中就描述了這個過程，也是本章章首的引言。這個目標永遠不可能完全達成，或者說，不可能達到之後就一勞永逸。因此，榮格說，向這個目標邁進的人，都擁有一種「不為感情糾葛或強烈衝擊所撼動的態度——一種與世無涉的超然意識。」[14]

這個新的整合在本質上是一種內在的東西，一種發生於個人精神之內的態度轉變，而促進轉變的就是分析師。但這種轉變基本上不是因為如前述以「客體關係理論」為基礎的精神治療法中，病人與分析師的關係有了改變才發生的。事實上，當比較有治療進展的病人開始進行個體化的過程，榮格都會鼓勵他們單獨去探索，除非他們的夢與幻覺模糊不清，或者需要他特別解說，再把資料帶來給他分析。

榮格鼓勵病人在一天當中挪出一些時間進行所謂的「積極想像」。這是一種夢幻狀態，不做判斷，但是保留意識。這個人必須記下腦中所浮現的各種幻想，而且不做任何意識上的干擾，任憑這些幻想自行其是。藉由這個方法，這個人也許可以發現本身被隱藏的部分，並能順利描繪出自己正在經歷的心理歷程。

在我還是個執業心理治療師時，有時也會採用源自這種技術的方法來治療憂鬱症的中年患者。這類病人往往因為事業和家庭的需求，而忽略或放棄了某些消遣或興趣，而這些消遣或興趣都曾在早年賦予他們生命的意義和情趣。如果鼓勵他回憶起那些在青春期使他們生命具有意義的東西，他們就會重新發現那些被忽略的層面。或許他們能再度投入音樂或繪畫，或許重拾那些使他們著迷、卻因迫於生活壓力而放棄的文化或知性面消遣。

持續進行積極想像，不僅使人重新發現個性中被忽略的部分，還可以使他改變態度，明瞭他本身的自我或意志不再是最重要的，也承認自己需要依賴某種不出於己身的整合因素。

榮格說：「如果明白潛意識能與意識結合成一個共同決定因素，如果我們的生活都盡可能考慮到意識與潛意識的要求，那麼，整個人格的重心就會改變位置。這個重心不再存於自我——自我只不過是意識的中心而已——而是位於意識與潛意識之間的一個假想點。這個新的重心也許可以稱為『自性』。」15

榮格說，達到這一點，就能在歷經長期無結果的掙扎之後得到心靈的平靜：「如果綜合了別人的經驗，你會這樣闡述：他們覺醒了，可以接納自己，可以安分守己，也因此能順應逆境與惡運。這幾乎就如古諺所說：他已經與神和解，他已經犧牲了自己的意志，已經服從神的旨意。」16

這種治療的康復並不是透過悟性，也不是與另一個人建立了較好的新關係，更不是因為解決了某些特定問題，而是藉由態度的內在改變而得到康復。榮格引用一封以前病人寫給他的信，信中詳述了這種變化：

對我而言，許多惡都變成了善。保持安靜、不壓抑任何事、聚精會神，而且接受現實（接受事物的原貌，不像以前那樣，總想讓事情變成我想要的樣子）。結果，我獲得了不尋常的知識，以及不尋常的力量，這在以前是無從想像的。我以前一直以為只要接受某些事，就一定會被這些事壓垮，但根本不是這樣。唯有接受事情，你才能對事情採取某種態度。所以，我現在想遊戲人生，不管是好是壞，我一概來者不拒，反正不是陽光就是影子。而且，我也是這樣接受自己的本性，不管是正面還是負面。如此一來，事事變得更鮮活了。我以前多麼傻呀！怎麼一直硬要事情依照我想要的方式進行呢！17

威廉·詹姆斯也有過非常類似的描述：「我常分析內在均衡的種種變換——個人活力中心的變化，其中最美妙的一種，就是從緊張、對自己的責任和憂慮感，轉變成沉著、包容與平和的過程。過程中最不可思議的是，你不必刻意努力，只需放鬆並卸下負擔，就可以完成轉換。」[18]

以上三個人描述的心態，顯然是非常建設性的逆來順受，不過與忘形狀態的強烈並不相同：忘形狀態是突然被觸發的，而且通常為時短暫。威廉·詹姆斯說：

> 神秘的狀態無法長久持續下去。除了極少數的情形，至多半小時或一、兩個小時就是極限，過了這段時間就會逐漸消失於常態。這種狀態消失之後，其特性還會再現於記憶之中，只是並不完整。不過一旦出現在記憶中，就會被認出，而且在每次出現之間會持續醞釀，讓人覺得內在越來越豐富，也越有意義。[19]

個體化的過程終了時，會與忘形狀態一樣，讓人感受到內心有一種新的整合；榮格認為這是意識與潛意識之間的交互作用。與這種心態極為類似的，就是平和感，一種安於生命的感覺，歸屬於一個更大整體的感覺。榮格的觀念——一個人承認自己必須依賴於一個內在的整合因素，而這個因素不是自我——類似「侍奉神」，這是宗教神秘主義常說的一種較被動的態度。在《宗教經驗之種種》一書中，威廉・詹姆斯這麼論述統合的過程：

這個過程可能是漸進的，也可能是突發的；可能是透過情感的變化或活動力的變化，也可能是透過新的知性領悟，或透過後來被我們稱作「神秘」的經驗。不管過程如何發生，它的特色就是紓解感，當這個過程具有宗教的模式，就會產生極端的紓解。但是，達到整合有許多方法，尋求宗教不過是其中的一種，而且，修補內在的不完整並減少內在的不和諧，是一般的心理過程，任何一種精神內容都可能是原動力，不一定需要宗教的形式。[20]

這些統合的經驗無論是突發還是漸進，都令人印象深刻，乃至逐漸在心靈留下了永久的影響。然而，如果以為達到平和感的人無時無刻或永遠都保有這種心態，也未免過於天真了。我們在第三章提到忘形狀態與死亡的關聯。如果生命要持續，一個人就不可能永遠停留在大洋似的平靜狀態。

本書的主題之一就是：人類之所以會適應這個世界，很矛盾地，正是「無法」完全適應環境、「無法」在心理上達到一種平靜狀態。「經由不適應而適應」，是人類特有的模式，而忘形的完整感對這整個模式絲毫不起作用，所以必定倏忽即逝。**圓滿的幸福不會導致發明，而唯有自知缺乏某種東西，自覺不完整，才會有想像力的渴望，才會有完整性的渴望與追求**。

榮格所提到的整合觀念並非一種固定不動的精神狀況，雖然有時會被這麼誤解。依榮格的看法，以整合及精神健康為目標的人格發展，是一個永遠無法完全達到的理想。或者說，就算暫時達成，後來也勢必見棄。也就是說，追求人格發展的最佳狀況，是一輩子都無法完成的任務，那是滿懷著希望出發、但永遠無法到達目的地的歷程。

在分析過程中得到的這種新態度，遲早會變得不夠充分，而且必然如此，因為生命的流程會一再要求新的適應。適應之後不可能就此一勞永逸……結果是，根本不可能有一種排除所有困難的治療方法存在。人需要遭遇困難；困難是健康之所需。我們在這裡關心的只是過量的困難而已。21

個體化的過程及其間發生的態度變化，很符合天才們所敘述的創作過程。

第一，產生新構想或出現靈感的那種精神狀態，正是榮格給予定名、並建議病人去進行的「積極想像」。雖然新作品或新假說偶爾會萌芽於夢中，但更多的構想都是在夢幻狀態裡出現的，這是醒與睡之間的一種狀態。

如葉慈和華滋華斯等詩人，有時會把這種狀態描述為既睡又醒。構想與意象可以在這種心態中出現，並且自然發展，但處於這種心態的人，他的意識必須清醒得足以觀察，並記下構想與意象的進展。進行「積極想像」的病人及尋求靈感的創作者，都必須要能被動地任由事情在心裡發生。

許多作家都說，他們所杜撰的人物自有其獨立的生命，或者是，他們的創作有時並不受制於自己的意志力，而是被某種作用力給牽引著。比如小說家薩克萊（W. M. Thackeray）就說：「我書中某些人物的論點實在令我驚訝！似乎有一股神秘力量在運筆。每當書裡那個人做了或說了某件事，我都會自問：他在搞什麼鬼，怎麼會想出那樣的事？」[22]

小說家艾略特（George Eliot）告訴銀行家克羅斯（J. W.Cross），在她自認為最好的作品裡，有一個「非自我」在掌控著她，讓她覺得自己只是一件工具，而這位神靈正透過她運作一切。[23]

尼采談到《查拉圖斯特拉如是說》一書寫道：「十九世紀末，有沒有任何人對強盛時代的詩人所謂的『靈感』有一種確切的概念？如果沒有，我現在說給你聽。如果一個人內心存有絲毫迷信，他就不能不想到，人只是某種強勢力量的化身，只是其喉舌，只是其媒介而已。」[24]

第二，創造力通常就是把原本不相干、獨立存在的東西做新的連結。榮格說，這是對立面的統合。這種連結過程在科學的創造上非常明顯：一種新的假說常會調和或取代以前被視為矛盾的想法。例如，克卜勒早就詳述了行星如何繞行太陽運轉，伽俐略也敘述了地球上的物體運動，但直到牛頓為止，支配這兩種運行的法則都被視為是完全相反的論述。但是，牛頓認為引力可以在很遠的距離外起作用，這個觀念使他得以結合克卜勒與伽俐略的發現，最終導出結論：天上的星體與地球上的物體運行，都依循著相同的宇宙法則。

視覺藝術與音樂也能顯現出對立面結合的現象。一幅畫作會造成「美的衝擊」，通常是因為畫家巧妙調和了對立的形狀和色彩。音樂中的奏鳴曲式通常都有一個呈示部，其中包括第一與第二兩個不同的主題，這兩個主題會在接下來的開展部以各種方式或並列或結合。作曲家運用技巧從原先獨立的主題中創造出新的和諧，而我們在音樂中得到的樂趣，就跟這種技巧有關。

第三，創作的過程終生不停歇。沒有一位創作者會永遠滿足於自己完成的作品。不斷出現的問題會驅使他尋求新的解方，而已經完成的作品，只不過有如中途的休息站或一段旅程的驛站。這段旅途誠如榮格對人格發展的形容一樣，是永遠不會完成的。事實上，藝術作品是藝術家內在人格發展的外在表徵，而當創作者年紀增長，作品中也會出現的某些相應的變化。

第四，創作過程與個體化過程，大多發生於孤獨的狀態。榮格對個體化過程的解釋來自於他對被分析者的觀察，因為這些病人是在他的審視之下，而且與他有著某種關係。但是他仍然認為，個體化是一種自然的心理發展過程，並不受到分析師的影響。事實上，榮格不厭其煩地鼓勵那些「治療較有進展」的病人盡可能不要依賴他，獨自追求心理上的發現。

人類的心靈似乎極有組織地將從外在世界發現或感受到的秩序或和諧，經過反映、轉移或體驗，變成好像是發現於內在精神世界的秩序和均衡。這看似一種不可能成真的假說，但是美的鑑賞及藝術品的創作都有賴於此。

前文引述了一段C．P．史諾小說中的文字，巧妙闡釋了一項新的科學發現，或是一項「外在的」新真理，如何變成這位科學家可以認同、並覺得是「內在」的某種東西。外在事件與內在感受會交互作用，因此當一個人看到一幅畫的色彩和大片色調呈現了完美的調和，或者聽到一支樂曲的對立主題融合為一，就會感受到自己的精神內部有一種美妙的新和諧產生。同樣地，減少內在的不和諧並達到精神內部的某種統合，這個過程對於一個人與外在世界的關係，以及他對外在世界的認識，都有正面的作用。

除了榮格之外，美國心理學家亞伯拉罕·馬斯洛（Abrabam Maslow）也關注到和諧一致的各種經驗，以及這些經驗的治療效果。他透過大量著作來討論他所謂的「高峰經驗」。他認為，一個人能有這種經驗，表示他的精神健康，是個能夠「自我實現」的人。他說，「我覺得，關於創造性的概念，關於健康的、自我實現、十分人性的人格的概念——這兩種概念似乎越來越接近，而且可能變成同一回事。」25

馬斯洛繼續探討創作的態度，他認為：

> 當創作者充滿創作狂熱、憑著靈感在創作時，他只活在此刻，既沒有過去，也沒有未來。他整個人都在那裡，完全浸淫、著迷、專注於現在、現況、此時此地，完全以進行中的事物為重點。這種「迷失於現在」的能力，似乎是任何創作的必要條件。但是，無論是何種創作，創作的某些先決條件也總是與這種超越自己、超越時間與空間、超越社會與歷史的能力有關。這種現象很像被赫胥黎稱為「長青哲學」的那種神秘經驗，只是較為平淡、較世俗，而且較常見。26

此外，馬斯洛也瞭解到，創作的態度及感受高峰經驗的能力，都取決於一種「無羈絆」的狀態，也就是不受制於他人，尤其是沒有精神官能症的困擾，擺脫了「童年的歷史殘留」，也不受制於義務、責任、恐懼和希望。他說，「我們越來越不受制於別人，這意味著我們變得越來越像自己，越來越有霍爾奈所謂『真實的自己』，也就是原來真實的本體。」[27]由此觀之，馬斯洛的看法迥異於客體關係論者，後者認為人生的意義與人際關係密不可分。

本書開頭就說，許多極有創作性的人大多處於孤獨之中，但不能因此認定他們一定不快樂，或者他們是神經質。人類是社會動物，確實需要與他人互動，但一個人與他人之間的關係會有親疏、有深淺。人都需要興趣，也需要各種關係；每個人都能自適於與人無涉的領域，以及與人有關的事物。幼年經驗、遺傳的資質和能力、性情差異，以及其他許多因素，都可能影響這個人，使他在尋求生命的意義時，或轉向他人，或轉向孤獨。

獨處的能力是一種寶貴的資源，它能促進學習、思考與創新，使人能順變、能保持與內在想像世界的接觸。在本書中，我們看到這麼多的例子，證明了即使那些不太能與他人建立親密關係的人，也能發揮創作的想像力，藉以療傷止痛。

此外，有些創作家所關心的重點，主要是在生命中找出意義與秩序，而非與他人的關係。我們也知道，**當人的年紀越長，就越會關心與人無涉的領域**。人類對世界的適應力主要取決於想像力的發揮，因此也取決於必然與外在世界有所不符的內在精神世界。所謂完美的幸福，那種內外世界完全和諧如大洋似的感覺，也只可能存在於瞬間。

人類始終在追求幸福，但是人類真正的本性，使得人無論是在人際關係或創作成就上，都無法獲得最終永久的幸福。本書從頭到尾都在強調，一個人所感受到的某些最奧妙且最具療效的心理經驗，都發生於內部，這些經驗即使與他人的互動有關，也只是極為淺淡的關係。

生活中，無論是人際關係，還是不涉及人的興趣，只要不被過度理想化，不被視為唯一的救贖之道，那麼，這樣的生活或許就是最幸福的生活。對完整性的渴望與追求，都必須包含人性的這兩面。

本章章首的引言摘自華滋華斯的〈前奏〉一詩。我想，就以他的詩句作為本書結語，也是非常適切的：

> 倉促的世界使我們與較好的自己分離了太久，
> 我們也逐漸萎靡，厭倦世事，膩煩歡樂。
> 此時，孤獨是多麼的從容，多麼的溫和。28

參考資料

作者序

＊出自愛德華．吉朋，《羅馬帝國衰亡史》（*The History of the Decline and the Roman Empire*），一八九八年，倫敦出版。

1. 愛德華．吉朋，《我的生活回憶與著作》（*Memories of My life and Writings*），一九〇〇年，倫敦出版。
2. 利頓．史垂奇，《人物縮影》（*Portaits in Miniature*），一九三一年，倫敦出版。
3. 同注1。
4. 同前。

第一章

＊引自約翰．米爾頓，《失樂園》（*Paradise Lost*）。

1. 蓋爾納，《精神分析運動》（*The Psychoanalytic Movement*），一九八五年，倫敦出版。

2. 佛洛伊德，〈給普菲斯特的信〉（*Letter to Pfister*），一九一〇年，收錄於瓊斯（Ernest Jones）所著《佛洛伊德》（*Sigmund Freud*），一九五五年，倫敦出版。

3. 佛洛伊德，《精神分析引論》（*Introductory Lectures on Psycho-Analysis*）標準版，〈移情〉。

4. 彼得．馬利斯，〈依附與社會〉（*Attachment and Society*），收錄於《依附在人類行為中的地位》（*The Place of Attachment in Human Behavior*），一九八二年，倫敦出版。

5. 羅伯．懷斯，〈成年人生活中的依附之情〉（*Attachment in Adult Life*），收錄於注4的書目。

6. 約翰．鮑比，《失落，悲傷與憂鬱：依附與失落之三》（*Loss, Sadness and Depression; Attachment and Loss, III*），一九八〇年，倫敦出版。

第二章

＊引自蒙田，〈論孤獨〉（*Solitude*），收錄於《蒙田散文集》（*The Essays of Montaigne*），一九四六年，紐約出版。

1. 貝侖森，《自我概述》（*Sketch for a Self-Portrait*），一九四九年，多倫多出版。
2. 洛斯著，《康瓦耳的童年》（*A Cornish Childhood*），一九四二年，倫敦出版。
3. 溫尼考特，〈獨處的能力〉（The Capacity to be Alone），收錄於《成熟的過程與有利的環境》（*The Maturational Processes and the Facilitating Environment*），一九六九年，倫敦出版。
4. 同前。
5. 同前。
6. 同前。
7. 狄蒙特，《有人必須睡覺，有人必須守夜》（*Some Must Watch While Some Must Sleep*），一九七二年，舊金山出版。
8. 帕隆波，《作夢與記憶》（*Dreaming and Memory*），一九七八年，紐約出版。
9. 斯滕豪斯，《心智的演變》（*Evolution of Intelligence*），一九七三年，倫敦出版。
10. 同前。
11. 同前。

第三章

＊引自戴高樂，《戰爭的回憶》（*Memories de Guerre*），一九五九年，巴黎出版。

1. 帕克斯，《死別》（*Bereavement*），一九八六年，哈孟茲渥斯出版。
2. 洛林．丹佛斯（Loring M. Danforth），《希臘鄉間的死亡儀式》（*The Death Rituals of Rural Greece*），一九八二年，普林斯頓出版。
3. 同前。
4. 柏德，《孤單》（*Alone*），一九五八年，倫敦出版。
5. 同前。
6. 同前。
7. 同前。
8. 威廉．詹姆斯，《宗教經驗之種種》（*Varieties of Religious Experience*），一九〇二年，倫敦出版。
9. 佛洛伊德，《文明及其不滿》（*Civilization and Its Discontents*），一九六一年，倫敦出版。
10. 同前。

11. 同前。
12. 同前。
13. 《華格納論音樂與戲劇：理查・華格納散文選》（*Wagner on Music and Drama: A Selection from Richard Wagner's Prose Works*），一九七〇年，倫敦出版。
14. 格林・貝涅特，《超乎忍耐》（*Beyond Endurance*），一九八三年，倫敦出版。
15. 克莉絲提・安黎特，《北極夜裡的女人》（*Woman in the Polar Night*），一九五四年，倫敦出版。
16. 濟慈，《夜鶯頌》（*Ode to a Nightingale*），Noel Douglas 摹真版，一九二七年，倫敦出版。

第四章

＊引自法蘭西斯・培根，《學術的進步》（*De Dignitate et Augmentis Scientiarum*），一六四〇年編輯。

1. 諾瓦・摩利斯，《監禁的未來》（*The Future of Imprisonment*），一九七四年，芝加哥出版。

2. 伊達・寇克（Ida Koch），〈孤立的精神與社會後遺症〉（*Mental and Social Sequalae of Isolation*），收錄於《歐洲監獄體系的擴充》（*The Expansion of European Prison Systems*）（歐洲犯罪學的研究報告第七部），一九八六年，貝爾發斯特出版。

3. 勞倫斯與克與哈洛烏爾夫，〈共產國家的問訊與「美國之敵」的思想灌輸〉（*Communist Interrogation and Indoctrination of "Enemies of the States"*），《一九五六年美國醫學協會神經醫學與精神醫學檔案》（*AMA Archives of Neurology and Psychiatry, 1956*）。

4. 同前。

5. 同前。

6. 艾迪絲・波恩，《孤獨七年》（*Seven Years Solitary*），一九五七年，倫敦出版。

7. 克里斯多弗・柏尼，《孤獨的監禁》（*Solitary Confinement*），一九五二年，倫敦出版。

8. 布魯諾・貝特罕，《倖存散文集》（*Surviving and Other Essays*），一九七九年，倫敦出版。

9. 曼紐因，《主題與變奏》（*Theme and Variations*），一九七二年，紐約出版。

10. 索羅門（Maynard Solomon），《貝多芬》（*Beethoven*），一九七八年，倫敦出版。

11. 同前。

12. 安德烈・馬羅，《農神：論哥雅》（*Saturn: an Essay on Goya*），一九五七年，倫敦出

版。

13. 哥雅語，收錄於克拉克（Kenneth Clark），《浪漫的叛逆》（*The Romantic Rebellion*），一九七三年，倫敦出版。

14. 斯坦利．柯恩與羅瑞．泰勒，《心理劫後餘生》（*Psychological Survival*），一九七二年，紐約出版。

15. 約瑟夫．法蘭克（Joseph Frank），《杜斯妥也夫斯基：一八五〇至一八五九年試煉的歲月》（*Dostoevsky: The Years of Ordeal*, 1850-1859）一九八三年，普林斯頓出版。

16. 《一九四一至四四年希特勒的秘密談話》（*Hitler's Secret Conversations, 1941-44*），一九五三年，紐約出版。威廉．夏惹（William L. Shirer），《第三帝國的興亡》（*The Rise and Fall of the Third Reich*），一九六四年，倫敦出版，引文。

17. 亞瑟．凱斯勒著，《萬花筒》（*Kaleidoscope*），一九八一年，倫敦出版。

第五章

＊ 引自撒繆耳．約翰生之語，收錄於《包茲威爾的約翰生傳》（*Boswell's Life of Johnson*），一八八七年，牛津出版。

1. 撒繆耳・約翰生，《拉色雷斯的故事》（*The History of Rasselas*），收錄於《撒繆耳・約翰生傳》（*Samuel Johnson*），一九八四年，牛津出版。

2. 佛洛依德，《創造性作家與白日夢》（*Creative Writers and Day-Dreaming*），標準版，一九五九年，倫敦出版。

3. 同前。

4. 佛洛伊德，《闡述精神功能的兩種原則》（*Formulation on the Two Principles of Mental Functioning*）標準版，一九五八年，倫敦出版。

5. 哥雅《隨想集》（*Los Caprichos*）引言。

6. 同注4。

7. 溫尼考特，〈過渡性客體與過渡現象〉（*Transition al Objects and Transitional Phenomena*），收錄於《從小兒科到精神分析學》（*Through Paediatrics to PsychoAnalysis*），一九七五年，倫敦出版。

8. 普洛文斯（S. Provence）與利普頓（R. C. Lipton），《收容所的嬰兒：一歲期間與家庭嬰兒的成長比較》（*Infants in Institutions: A Comparison of Their Development with Family-Reared Infants during the First Year of Life*），一九六二年，紐約出版。

9. 溫尼考特，《遊戲與現實》（*Playing and Reality*），一九七一年，紐約出版。

第六章

＊引自德·昆西，《托馬斯·德·昆西作品集》（*The Collected Writings of Thomas de Quinecy*），一八八九年至一八九〇年，愛丁堡出版。

1. 安東尼·史脫爾，〈治療的概念〉（*The Concept of Cure*），收錄於《精神分析評論》（*Psycho Analysis Observed*），一九六六年，倫敦出版。
2. 佳曼·巴贊，《藝術簡史》（*A Concise History of Art*），一九六二年，倫敦出版。
3. 利德，《偶像與觀念》（*Icon and Idea*），一九五五年，倫敦出版。
4. 同注2。
5. 雷蒙·佛斯，《社會組織的成分》（*Elements of Social Organization*），一九六一年，倫敦出版。
6. 寇林·摩利斯，《個人的發現》（*The Discovery of the Individual*），一九七二年，倫敦出版。
7. 雅各·布克哈特，《義大利文藝復興時代的文化》（*The Civilization of the Renaissance in Italy*），一九八一年，牛津出版。
8. E·O·威爾森，《社會生物學：新的組合》（*Sociobiology: The New Synthesis*），一九

七五年，美國麻州劍橋與英國倫敦出版。

9. 同注5。

10. 李區，《社會人類學》（*Social Anthropology*），一九八二年，倫敦出版。

11. 彼得·亞卑茲，《自傳在西方文化的發展：從奧古斯丁到盧梭》（*The Development of Autobiography in Western Culture: from Augustine to Rousseau*），一九八六年索塞克斯大學未出版的論文。

12. 同前注。

13. 布魯諾·貝特罕，《夢的孩子》（*The Childern of the Dream*），一九六九年，倫敦出版。

14. 尤里·布朗芬布倫納（Urie Bronfenbrenner），《兩種童年世界：美國與蘇聯》（*Two Worlds of Childhood: US and USSR*），一九七一年，倫敦出版。

15. 《新約聖經》〈馬太福音〉二十二章。

16. 克里斯多福·布魯克（Christopher Brooke），《一〇〇〇至一三〇〇年修道院的世界》（*The Monastic World, 1000-1300*），一九七四年，倫敦出版。

第七章

* 引自榮格《潛意識心理學》（*The Psychology of the Unconscious*）收錄於《榮格作品集》

（*The Collected Works of C. G. Jung*），一九五三至七九年，倫敦出版。

1. 榮格，《回憶，夢，省思》（*Memories, Dreams, Reflections*），一九六三年，倫敦出版。
2. 榮格，《分析心理學二論與作品集》（*Two Essays on Analytical Psychology, Collected Works*），一九五三年，倫敦出版。
3. 同前。
4. 同前。
5. 沃林格，《抽象作用與同理心作用》（*Abstraction and Empathy*），一九六三年，倫敦出版。
6. 同前。
7. 同前。
8. 霍華德．加德納，《巧妙的塗鴨》（*Artful Scribbles*），一九八〇年，紐約出版。
9. 佛洛伊德，《哀悼及憂鬱》（*Mourning and Melancholia*）標準版，一九五七年，倫敦出版。
10. 瑪莉．梅茵與唐娜．R．薇斯頓合撰，〈嬰兒期對依附對象的迴避：陳述與解說〉（*Avoidance of the Attachment Figure in Infancy: Descriptions and Interpretations*）收錄於

《依附在人類行為中的定位》（*The Place of Attachment in Human Behavior*），一九八二年，倫敦出版。

11. 同前。
12. 同前。
13. 法蘭茲·卡夫卡，《給菲莉絲的信》（*Letters to Felice*），一九七四年，倫敦出版。
14. 同前。
15. 艾瑞克·海勒，《法蘭茲·卡夫卡》（*Franz Kafka*），一九七五年，紐約出版。
16. 摘自〈卡夫卡年表〉（*A Chronology of Kafka's Life*），收錄於《法蘭茲·卡夫卡的世界》（*The World of Franz Kafka*），一九八〇年，倫敦出版。
17. 葉慈（W. B. Yeats），〈再度降臨〉（*Second Coming*），收錄於《葉慈詩集》（*The Collected Poems of W. B. Yeats*），一九五〇年，倫敦出版。

第八章

＊引自華特·惠特曼，〈我的歌〉（*Song of Myself*），收錄於《草葉集》（*Leaves of Grass*），一九四七年，倫敦出版。

1. 安東尼·特洛勒普，《自傳》（*An Autobiography*），一九四六年，倫敦出版。
2. C·P·史諾，《特洛勒普》（*Trollope*），一九七五年，倫敦出版。
3. 亨福瑞·卡彭特，《秘密花園》（*Secret Gardens*），一九八七年，倫敦出版。
4. 瑪格麗特·蕾恩，《碧翠絲·波特的故事》（*The Tale of Beatrix Potter*），一九七〇年，倫敦出版。
5. 同前。
6. 同前。
7. 同注3。
8. 費雲·諾克絲，《愛德華·黎爾》（*Edward Lear*），一九八五年，倫敦出版。
9. 同前。
10. 查爾斯·加林頓，《吉卜齡》（*Rudyard Kipling*），一九七〇年，哈孟茲渥斯出版。
11. 安格斯·威爾森，《吉卜齡的奇異之旅》（*The Strange Ride of Rudyard Kipling*），一九七七年，倫敦出版。
12. 同前。
13. 藍格斯（A. J. Languth），《撒吉》（*Saki*），一九八二年，牛津出版。
14. 藍伯，《波德利·黑德·撒吉》（*The Bodley Head Saki*），一九六三年，倫敦出版。

15. 法蘭西絲·朵納森，《P·G·伍德浩斯》（*P. G. Wodehouse*），一九八二年，倫敦出版）。

16. 喬治·普林普頓（George Plimpton）編，《作家的寫作態度》（*Writers at Work*）第五輯，一九八一年，哈孟茲渥斯出版。

17. 同注15。

18. 同前。

19. 同前。

20. 《作家的寫作態度》，一九五八年，倫敦出版。

第九章

＊1 引自格蘭姆·格林，《逃避的方法》（*Ways of Escape*），一九八一年，哈孟茲渥斯出版。

＊2 引自R·喬治·托馬斯，《愛德華·托馬斯》（*Edward Thomas*），一九八五年牛津出版。

1. 保羅·瑞根（Paul V. Ragan）與托馬斯·馬格拉輿（Thomas H. McGlashan），〈兒時父

母與成人精神病理學〉（*Childhood Parental Death and Adult Psychopathology*），收錄於《美國精神醫學雜誌》（*American Journal of Psychiatry*）一四三：二，一九八六年二月。

2. 喬治・布朗與提瑞・哈里斯著，《憂鬱症的社會性病因》（*Social Origins of Depression*），一九七八年，倫敦出版。

3. C・培利斯（C. Perris）、侯姆格仁（S. Holmgren）、范諾林（L. von Knorring）與H・培利斯（H. Perris）合撰，〈憂鬱患者及其健全之兄弟姊妹在兒時與父母死別的經驗〉（*Parental Loss by Death in the Early Childhood of the Depressed Patients and of Their Healthy Siblings*），收錄於《英國精神醫學雜誌》（*British Journal of Psychiatry*），一九八六年。

4. 同注2。

5. 約翰・伯奇納，〈早年喪親之精神病患的人格特徵〉（*The Personality Characteristics of Early-Bereaved Psychiatric Patients*），收錄於《社會精神醫學》（*Social Psychiatry*），第十期。

6. 羅傑・布朗（Roger Brown），《社會心理學》（*Social Psychology*），一九八四年，紐約出版。

7. 同注2。

8. 羅勃伯納德·馬丁，《丁尼生：不平靜的心》（*Tennyson The Unquiet Heart*），一九八〇年，牛津出版。
9. 阿爾菲德·丁尼生，《悼念之五》（*In Memorian V*），收錄於《丁尼生爵士作品集》（*The Works of Alfred, Lord Tennyson*），一八九九年，倫敦出版。
10. 羅伯·波頓，《憂鬱的解剖學》（*The Anatomy of Melancholy*），一九七二年，倫敦出版。
11. 同注8。
12. 同前。
13. 同前。
14. 安德魯·布林克，《失落與象徵性修復》（*Loss and Symbolic Repair*），一九七七年，安大略出版。
15. 安德魯·布林克，《有修復作用的創作力》（*Creativity as Repair*），一九八二年，安大略出版。
16. 大衛·埃伯巴賀，《比亞利克與華滋華斯的失落與分離》（*Loss and Separation in Bialik and Wordsworth*），一九八二年，約翰霍普金斯大學出版社出版。
17. 大衛·埃伯巴賀，《掌握詩意》（*At the Handles of the Lock*），一九八四年，牛津出版。
18. 大衛·塞西爾著，《被侵襲的鹿，柯柏的一生》（*The Stricken Deer, or The Life of*

Cowper），一九四三年，倫敦出版。

19. 威廉·柯柏，《威廉·柯柏詩集》（*Poetical Works of William Cowper*），一九三四年牛津出版。〈奧爾尼讚美詩之一〉（*Olney Hymn I*）。

20. 威廉·柯柏，《威廉·柯柏書信及散文集》（*The Letters and Prose Writings of William Cowper*），一九八一年，牛津出版。

21. 同注19。

22. 同注19，〈精神失常期間的詩句〉（*Lines Written During a Period of Insanity*）。

23 同注19，〈奧爾尼讚美詩之十八〉（*Olney Hymn XV III*）。

24. 同注19，〈灌木叢〉（*The Shrubbery*）。

25. 柯立芝，〈意興闌珊頌〉（*Dejection: An Ode*），收錄於《柯立芝作品袖珍版》（*The Portable Coleridge*），一九七七年，哈孟茲渥期出版。

26. 同注18。

27. 同注19，〈任務之三〉（*The Task, III*）。

28. 斯蒂芬·斯賓德，《世界中的世界》（*World Within World*），一九五一年，倫敦出版。

29. 約翰·濟慈，《約翰·濟慈書信集》（*The Letters of John Keats*），一九三五年，牛津出版。

30. 同注16。

31. 同注14。

32. 同前。

33. 波愛修斯，《哲學的慰藉》（*The Consolation of Philosophy*），一九六九年，哈孟茲渥斯出版。

34. 安德莉亞森與坎特，〈創造性的作家〉（*The Creative Writer*），收錄於《綜合精神醫學》（*Comprehensive Psychiatry*）。

35. 佳美森，〈英國頂尖作家與藝術家的情感型疾病及季節性發病〉（*Mood Disorders and Seasonal Patterns in Top British Writers and Artists*），未出版。

第十章

* 引自班拉米·夏夫斯坦，《哲學家們》（*The Philosophers*），一九八〇年，牛津出版。（引文出自維根斯坦，《短評隨筆》（*Vermischte Bemerkungen*），一九七八年，牛津出版。

1. 安東尼·史脫爾，《人格的完整》（*The Integrity of Personality*），一九六〇年，倫敦出

版。

2. 同前。
3. 海恩茲・寇赫特，《精神分析如何治療》（*How Does Analysis Cure?*），一九八四年，芝加哥出版。
4. 同前。
5. 安德烈・連恩，《分裂的自我》（*The Divided Self*），一九六〇年，倫敦出版。
6. 奧登，〈一九三九年九月一日〉（*September 1, 1939*），收錄於《英國時期的奧登：詩，散文及劇作》（*The English Auden: Poems, Essays and Dramatic Writings*），一九二七至九三九年。
7. 萊克・洛福特，《精神分析考證辭典》（*A Critical Dictionary of Psychoanalysis*），一九六八年，倫敦出版。
8. 摩爾著，《愛德華・艾爾加》（*Edward Elgar*），一九八四年，牛津出版。
9. 莫利斯・伊格爾，〈充當客體關係的興趣〉（*Interests as Object Relations*），收錄於《精神分析與當代的思想》（*Psychoanalysis and Contemporary Thought*），一九八一年出版。
10. 同前。
11. 同前。

12. 德．昆西，〈康德臨終數日〉（*The Last Days of Kant*），收錄於《英國郵件馬車及其他散文》（*The English Mail-Coach and Other Essays*），一九一二年，倫敦出版。
13. 班拉米．夏夫斯坦，《哲學家們，他們的人生及思想》（*Philosophers, Their Lives and the Nature of Their Thought*），一九八〇年，牛津出版。
14. 羅素，《西方哲學史》（*History of Western Philosophy*），一九四六年，倫敦出版。
15. 同注12。
16. 諾曼．馬爾康，《維根斯坦回憶錄》（*Ludwig Wittgenstein, A Memoir*），一九五八年，牛津出版。
17. 羅素，《羅素自傳》（*The Autobiography of Bertrand Russell*），一九六八年，倫敦出版。
18. 同前。
19. 荷敏．維根斯坦，〈我弟弟路德維希〉（*My Brother Ludwig*），收錄於《回憶路德維希．維根斯坦》（*Ludwig Wittgenstein, Personal Recollections*），一九八一年，牛津出版。
20. 同注16。
21. 卓瑞（M. O'C Drury），〈與維根斯坦的談話〉（*Conversations with Wittgenstein*），收錄於《維根斯坦傳》（*Ludwig Wittgenstein*），一九八一年，牛津出版。
22. 安東尼．史脫爾，〈牛頓〉（*Isaac Newton*），收錄於《英國醫學雜誌》（*British Medical*

Journal）二九一期，一九八五年。

23. 威斯特佛（Richard S. Westfall），〈短文及牛頓的良知狀態〉（*Short-Writing and the State of Newton's Conscience*），收錄於《皇家學會筆記》（*Notes and Records of the Royal Society*）十八期。

24. 凱恩斯（J. M. Keynes），〈牛頓這個人〉（*Newton the Man*），收錄於凱恩斯所編《傳記體散文》（*Essays in Biography*），一九五一年，倫敦出版。

25. 布洛德茨基，《牛頓爵士》（*Sir Isaac Newton*），一九七二年，倫敦出版。

第十一章

* 引自阿歷克斯．阿倫森，《音樂與小說》（*Music and the Novel*），一九八〇年，紐澤西州出版。

1. 貝倫森，《文藝復興時期的義大利畫家》（*The Italian Painters of the Renaissance*），一九五九年，倫敦出版。

2. 柯孟，《貝多芬的四重奏》（*The Beethoven Quartets*），一九六七年，牛津出版。

3. 同前。

4. 馬丁．庫柏，《貝多芬的最後十年》（*Beethoven: The Last Decade*）一九七〇年，倫敦出版。
5. 同注2。
6. 塞利文，《貝多芬》（*Beethoven*），一九二七年，倫敦出版。
7. 梅樂茲，《貝多芬與神的聲音》（*Beethoven and the Voice of God*），一九八三年，倫敦出版。
8. 薩勒門，《貝多芬》（*Beethoven*），一九七八年，倫敦出版。
9. 亨福．瑞賽爾，《李斯特的音樂》（*The Music of Liszt*），一九六六年，紐約出版。
10. 波義德，《巴哈》（*Bach*），一九八三年，倫敦出版。
11. 莫斯寇．卡納，〈理查史特勞斯的最後數年〉（*Richard Strauss's Last Years*），收錄於《新牛津音樂史》（*The New Oxford History of Music*），一九七四年，牛津出版。
12. 威廉．摩多克，《布拉姆斯》（*Brahms*），一九三三年，倫敦出版。
13. 丹尼斯．阿諾德，〈布拉姆斯〉，收錄於《新牛津音樂指南》（*The New Oxford Companion to Music*），一九八三年，牛津出版。
14. 富勒．梅特藍，〈布拉姆斯〉，收錄於《葛羅弗音樂及音樂家辭典》（*Grove's Dictionary of Music and Musicians*）。

15. 尼采，《華格納真相》（*The Case of Wagner*），一九六七年，紐約出版。
16. 彼得・拉坦，《布拉姆斯》，一九六六年，倫敦出版。
17. 馬瑞克（George R. Marek），《理查・史特勞斯》，一九六六年，倫敦出版。
18. 亨利・詹姆斯著，《大使》（*The Ambassadors*），一九二三年，倫敦出版。
19. 利昂・埃德爾，《亨利・詹姆斯的一生》（*The Life of Henry James*），一九七七年，哈孟茲渥斯出版。
20. 拉爾夫・諾曼，《亨利・詹姆斯不安全的小說世界》（*The Insecure World of Henry James's Fiction*），一九八二年，倫敦出版。
21. 《亨利・詹姆斯的筆記本》（*The Notebooks of Henry James*），一九八一年芝加哥出版。
22. 亨利・詹姆斯，〈叢林猛獸〉（*The Beast in the Jungle*），收錄於《死者的祭壇》（*The Altar of the Dead*），一九二二年，倫敦出版。
23. 同前。
24. 同注19。
25. 同前。

第十二章

＊引自威廉．華滋華斯，《前奏》（*The Prelude*），收錄於《華滋華斯詩全集》（*The Complete Poetical Works Of William Wordsworth*），一九五〇年，倫敦出版。

1. 柏拉圖，《饗宴》（*The Symposium*），一九五一年，哈孟茲渥斯出版。
2. 佛洛伊德，《論貶低愛情的普遍性傾向》（*On the Universal Tendency to Debasement in the Sphere of Love*）標準版，一九五七年，倫敦出版。
3. 瑪嘉妮塔．拉絲基，《忘形》（*Ecstasy*），一九六一年，倫敦出版。
4. 佛洛伊德，《文明及其不滿》（*Civilization and Its Discontent*）標準版，一九六一年，倫敦出版。
5. 同前。
6. 同注3。
7. 羅素，《羅素自傳》（*The Autobiography of Bertrand Russell*），一九六七至一九六九年，倫敦出版。
8. C．P．史諾，《搜尋》（*The Search*），一九三四年，倫敦出版。
9. 榮格，《回憶，夢，省思》（*Memories, Dreams, Reflections*），一九六三年，倫敦出版。

10. 榮格〈人格的發展〉（*The Development of Personality*），收錄於《作品集》（*Collected Works*），一九五四年，倫敦出版。
11. 榮格，〈心理治療師還是牧師〉（*Psychotherapists or the Clergy*），收錄於《心理學與宗教》（*Psychology and Religion*）：《作品集》卷十一，一九五八年，倫敦出版。
12. 查爾斯·克萊·勞福，〈序：動機與意義〉（*Introduction: Causes and Meaning*），收錄於《精神分析評論》（*Psychoanalysis Observed*），一九六六年，倫敦出版。
13. 榮格，〈心理治療的目標〉（*The Aims of Psychotherapy*），收錄於《心理治療實務》（*The Practice of Psychotherapy*）：《作品集》，一九五四年，倫敦出版。
14. 榮格，〈金花的秘密〉（*Commentary on The Secret of the Golden Flower*），收錄於《煉金術研究》（*Alchemical Studies*）：《作品集》卷十三，一九六七年，倫敦出版。
15. 同前。
16. 榮格，《心理學與宗教》：《作品集》，一九五八年，倫敦出版。
17. 同注14。
18. 威廉·詹姆斯，《宗教經驗之種種》（*The Varieties of Religious Experience*），一九〇三年，倫敦出版。
19. 同前。

20. 同前。

21. 榮格，《超越功能》（*The Transcendent Function*）：《作品集》，一九六九年，倫敦出版。

22. 薩克萊，〈委婉的文章〉（*Roundabout Papers*），收錄於《薩克萊作品集——女兒安作傳序》（*The Works of William Makepeace Thacheray with Biographical Introductions by His Daughter, Anne Ritchie*），一九〇三年，倫敦出版。

23. 克羅斯，《從喬治·艾略特的書信與日記看她的一生》（*George Eliot's Life as Related in Her Letters and Journals*），一八八五年，愛丁堡與倫敦出版。

24. 尼采，《看這個人》（*Ecce Homo*），一九七九年，哈孟茲渥斯出版。

25. 亞伯拉罕·馬斯洛，《人性能達到的境界》（*The Farther Reaches of Human Nature*），一九七三年，哈孟茲渥斯出版。

26. 同前。

27. 同前。

28. 威廉·華滋華斯，《序》（*The Prelude*），收錄於《華滋華斯詩全集》（*The Complete Poetical Works of William Wordsworth*），一九五〇年，倫敦出版。

孤獨，是一種能力

面對真實自我，探索孤獨心理的當代經典

Solitude：*A Return to the Self*

作　　者　安東尼・史脫爾(Anthony Storr)
翻　　譯　張嚶嚶
審　　校　愛智者（鐘穎）
封面設計　BIANCO
內頁排版　陳佩君
行銷企劃　蕭浩仰、江紫涓
行銷統籌　駱漢琦
業務發行　邱紹溢
營運顧問　郭其彬
責任編輯　李嘉琪
總 編 輯　李亞南

出　　版　漫遊者文化事業股份有限公司
地　　址　台北市103大同區重慶北路二段88號2樓之6
電　　話　(02) 2715-2022
傳　　真　(02) 2715-2021
讀者服務信箱　service@azothbooks.com
漫遊者臉書　www.facebook.com/azothbooks.read
漫遊者書店　www.azothbooks.com

發　　行　大雁文化事業股份有限公司
地　　址　新北市231新店區北新路三段207-3號5樓
電　　話　(02) 8913-1005
訂單傳真　(02) 8913-1056

初版一刷　2020年10月
初版四刷　2024年04月
定　　價　台幣380元
I S B N　978-986-489-403-1

國家圖書館出版品預行編目

孤獨，是一種能力 / 安東尼．史脫爾 (Anthony Storr) 著；張嚶嚶譯．-- 初版．-- 臺北市：漫遊者文化出版：大雁文化發行，2020.10
面；　公分
譯自：Solitude : a return to the self
ISBN 978-986-489-403-1(平裝)

1. 孤獨感　2. 情緒理論　3. 心理學

176.5　　109013317